图解营销策划

MARKETING PLANS
A Complete Guide in Pictures

［英］马尔科姆·麦克唐纳（Malcolm McDonald）
［英］彼得·莫里斯（Peter Morris）　　著

高杰　译

电子工业出版社
Publishing House of Electronics Industry
北京·BEIJING

Title: Marketing Plans: A Complete Guide in Pictures by Malcolm McDonald and Peter Morris, ISBN: 9781119943136

版权贸易合同登记号　图字：01-2012-9068

图书在版编目（CIP）数据

图解营销策划/（英）马尔科姆·麦克唐纳（Malcolm McDonald），（英）彼得·莫里斯（Peter Morris）著；高杰译.—北京：电子工业出版社，2019.7

书名原文：Marketing Plans: A Complete Guide in Pictures

ISBN 978-7-121-36814-1

Ⅰ.①图… Ⅱ.①马… ②彼… ③高… Ⅲ.①营销策划—图解 Ⅳ.①F713.50-64

中国版本图书馆CIP数据核字（2019）第110782号

书　　名：图解营销策划
作　　者：[英]马尔科姆·麦克唐纳（Malcolm McDonald）　[英]彼得·莫里斯（Peter Morris）
责任编辑：郭景瑶
印　　刷：三河市鑫金马印装有限公司
装　　订：三河市鑫金马印装有限公司
出版发行：电子工业出版社
　　　　　北京市海淀区万寿路173信箱　邮编：100036
开　　本：720×1000　1/16　印张：11.5　字数：240千字
版　　次：2019年7月第1版
印　　次：2019年7月第1次印刷
定　　价：58.00元

凡所购买电子工业出版社图书有缺损问题，请向购买书店调换。若书店售缺，请与本社发行部联系，联系及邮购电话：（010）88254888，88258888。

质量投诉请发邮件至zlts@phei.com.cn，盗版侵权举报请发邮件至dbqq@phei.com.cn。

本书咨询联系方式：（010）88254210，influence@phei.com.cn，微信号：yingxianglibook。

前 言
INTRODUCTION

虽然营销理论和实践经历了半个多世纪的发展，但营销策划仍是未被攻克的大挑战。

随着企业运营环境不断变化，且愈发起伏不定，这个挑战也更加严峻。事实上，有一种观点认为，正是这种混乱使营销策划成为一种无意义的行为，因为世界的发展速度如此之快，我们已经无法制订五年、三年，甚至两年计划。

但是，与这个观点相反，越来越多的证据表明，效率和效果之间的区别（或者用营销策划领域的术语来说，战术和战略的区别）变得更加重要。如今，成功的首席执行官都知道一定要明确企业的未来发展方向，并将其清楚地写在计划中。在实施这些计划的过程中，企业会受益良多，变得截然不同。要找到那些不以战略性策划为导向的企业并不难，它们只是定期例行公事般进行整顿，而越来越多这样的企业将被富有进取精神的企业所取代，且后者已经学会使用战略性策划来发展壮大。制订这种营销策划从来都不容易，事实上更是一天比一天难。我们真诚希望本书针对这个复杂课题提出的独特解决方法不仅可以帮助读者理解营销策划，还能鼓励读者深层次挖掘这个课题。本书初版名为《营销策划：管理者图解指南》，当时就获得了全球性的成功，现已更新到第四版，包括企业面临的最新挑战。我们希望所有读到这本书的人都会觉得它很有趣，很好玩，最重要的是——很实用。

马尔科姆·麦克唐纳（Malcolm McDonald）

彼得·莫里斯（Peter Morris）

2012年1月

【目 录】

CONTENTS

1

全面了解营销过程

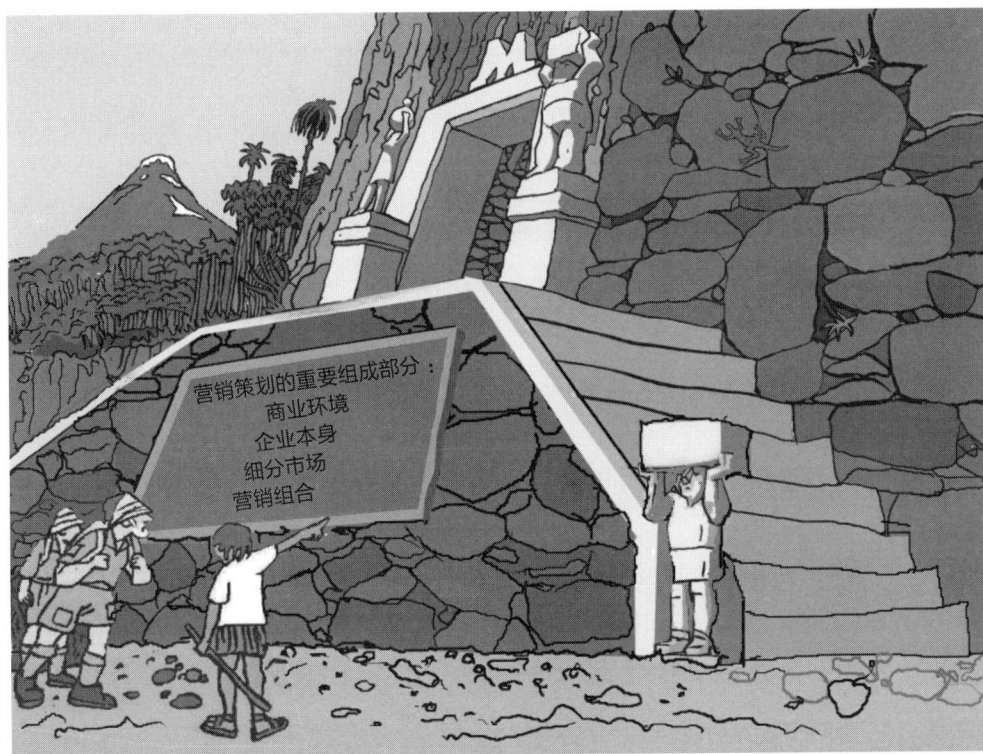

营销策划的重要组成部分：
商业环境
企业本身
细分市场
营销组合

在商业丛林中，有一片空地，我们称之为"市场"。

在这里，有产品的人追逐着有金钱的人；有金钱的人追逐着有产品的人……

……直到他们彼此找到对方。

不幸的是，这样的理想状态并不时常发生。

有时候，拥有产品的人徒劳地搜寻着拥有金钱的人，反之也是如此。需要一种魔法将他们带到一起，我们称这魔法为：

营销

那么，这个所谓的营销是什么呢？

或许，是销售吗？

如果我们假设销售为零，那我们能得到什么？

$$\frac{x(y-x)^3}{\sum n}$$

$$B_n$$

$$P/p_1$$

$$\therefore P=$$

被炒鱿鱼！

又或是销售的学术定义？

还是广告的另一个名字？

我们必须走入商业丛林的深处，才能找到我们需要的答案。

4

我们必须走进麦克唐纳的营销圣殿，

让他给我们下一个定义：

"营销是一种管理过程，包括了解市场，量化这些市场中不同客户群体所需的价值，将这些信息传递给企业的每一个人，并评估实际价值传递的有效性。"

或

找到客户的
需求……

糖果

……并满足他们的需求，就这么简单。

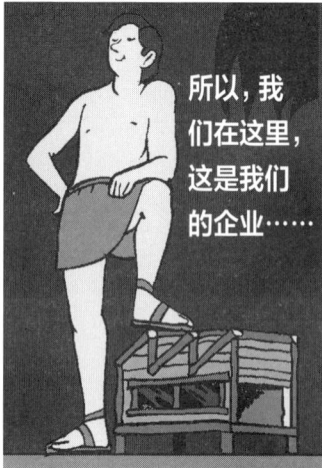

所以，我们在这里，这是我们的企业……

……这是我们的客户。

我们所要做的就是
找到他或她需要什么……

并且，提供。

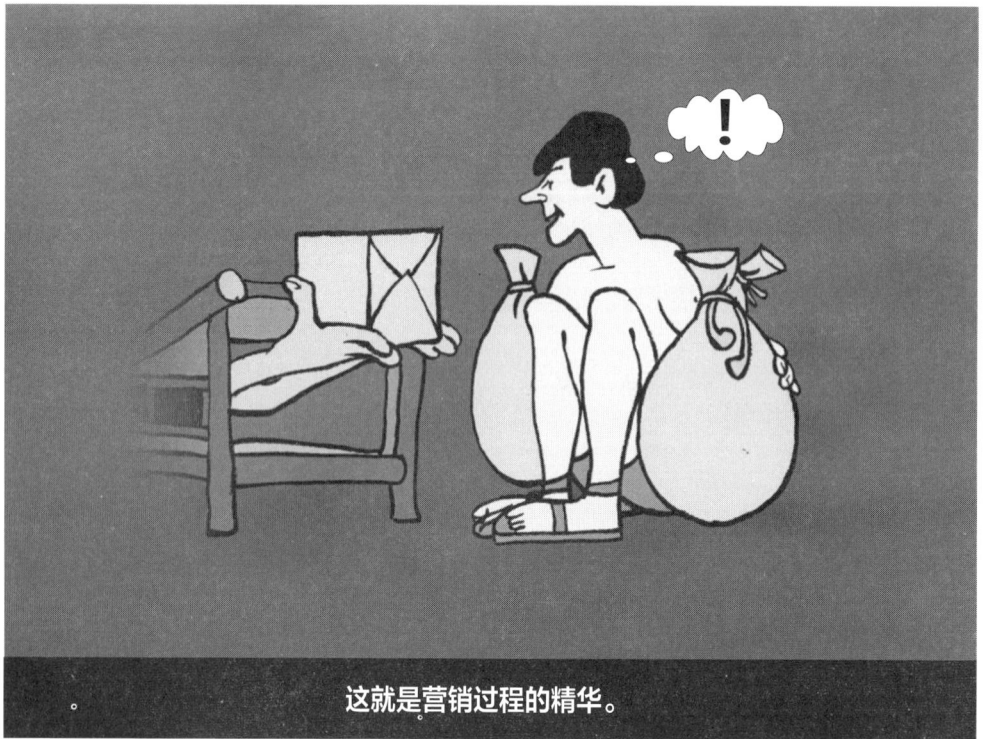

这就是营销过程的精华。

但是我们一定不能忘了周围的森林：

商业环境

每一棵树后都隐藏着竞争……

防滴
泥浆

……一些竞争者具有的技术优势可能会在这场生存战中起到决定性作用。

防滴泥浆意味着工作可以更快地完成……

泥浆

……那些没有受过训练的人也可以毫不费力地使用它。

泥浆
大甩卖

这就意味着，它可以在超市里出售，而不用在传统的、专门的交易场所出售。配送方式也深受影响。

除了竞争和技术，再看看原材料，即用来制造该商品的树木和泥土。

另外，还需要劳动力来使企业正常运营。

以及影响着每个人的金融环境。

建筑区

并且，还有政府颁布的法律，这些法律既有可能促进也有可能限制企业的发展。

这些都是企业无法控制的外部因素，构成了商业环境。

这些因素使商业环境不断变化，且永远都在变化。

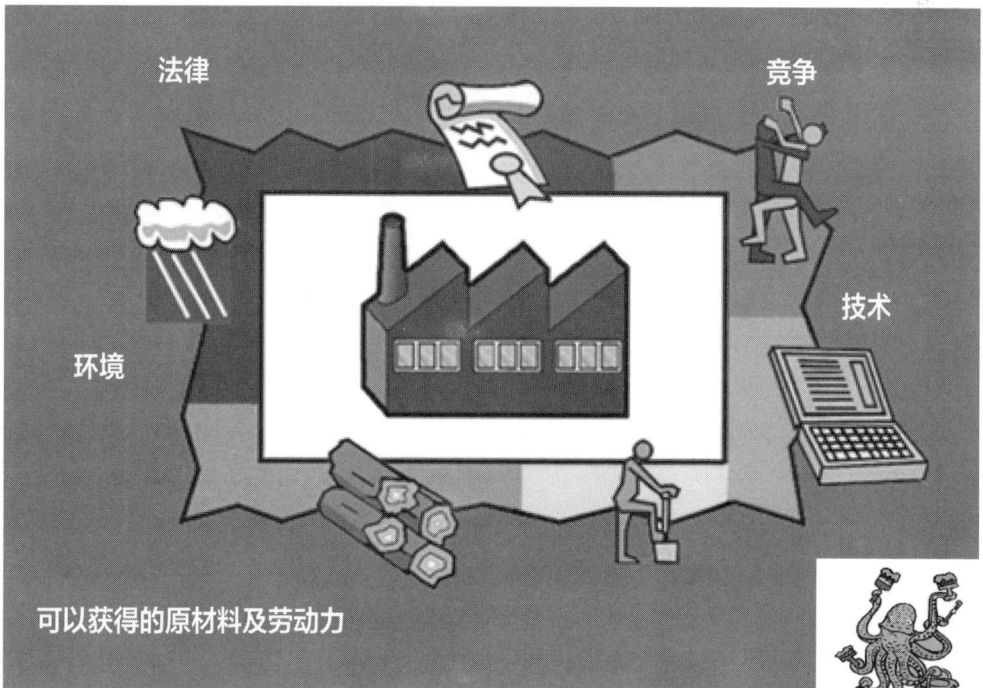

法律

竞争

技术

环境

可以获得的原材料及劳动力

但是，企业能够控制的因素又有哪些呢？

比如，每家企业都有什么强项呢？每家企业都有它独特的能力以及缺陷……

……所以，运气好的话，我们可以做我们最擅长的事。

当传统市场开始衰退，就有必要做出改变了……

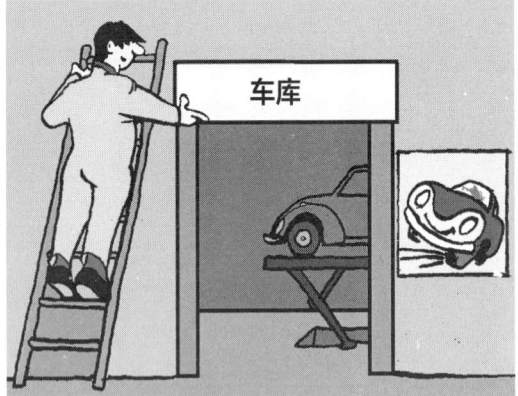

……有些人也许认为这很困难，或不可能，他们就会越来越缺乏竞争力。

而那些能够用自己的能力满足客户需求的人则会越来越有竞争力。

你必须改变自己的技能，或者到一个仍然需要你的技能的地方去。

你要从事哪个行业是你能掌控的。

另外一个你可以掌控的是：

关于客户这一神秘的群体有一个秘密。

那就是：他们的需求可以被强大的商业利益所操纵。

新发布产品的失败率超过80%，想要成功，企业必须首先了解客户的需求。

这个需求是**不变的**，而满足需求的方式是**变化的**。

比如说，人们始终需要家庭娱乐，在以前，这是钢琴销售的一个动因。

电视只是满足这个需求的新方式。

所有的客户都有不同的方式满足自己的需求，当他们面临选择时，会选他们认为性价比最高的产品或服务。

最终，还是客户说了算。

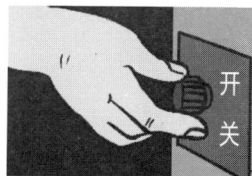

开关

基于这一基本事实，计算企业的业绩只能依靠：

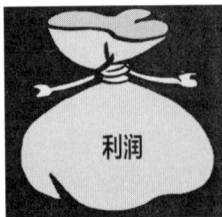

利润

单纯从商业角度来说，如果一个画家一天能画十幅画，但一幅也没有卖掉，是没有价值的。

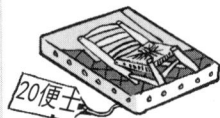

20便士

而且便宜也没用，因为如果没有人想要他的画，就根本没有人肯付钱。所以……

你必须制造消费者需要的东西，对于任何商业活动都是如此。

必须有足够的销售额和足够的客户，来压住跷跷板的另一端，否则企业会倒闭。

销售额　　成本

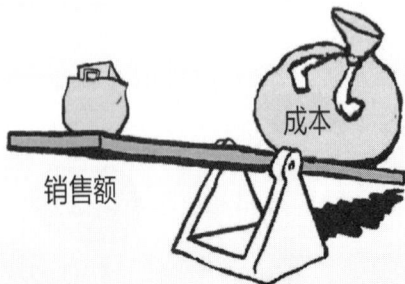

成本

销售额

提高产量和效率只意味着货架上有更多的货物，并不是说卖出了更多的产品。所以，答案还得在市场里找。

但市场又是什么呢？是那些被各种竞争性产品或服务包围着的客户吗？

甩货

这里的市场并不是指某一个市场，而是由许多各不相同的市场组成的。

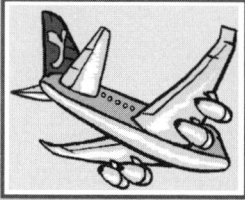

航空市场

低价

高价

每个市场被分成

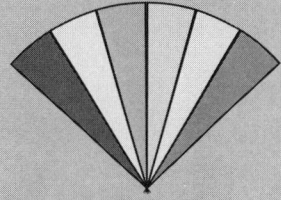

多个细分市场

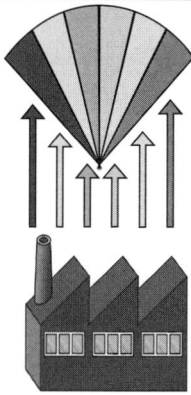

企业的能力必须与不同细分市场的消费者需求相匹配。

产品　　　渠道
价格　促销

这个匹配过程包含四个要素：产品（Product）、价格（Price）、渠道（Place）和促销（Promotion）。

有时，人员和流程这两个因素会包含在"产品"中，尤其是在服务型企业。

为了满足客户的需求，我们必须制造满意的产品，制定合理的价格，建立合适的渠道（保证客户需要时就能买到），以及通过促销让客户了解产品。

对于每一个细分市场，必须运用独特的营销组合。

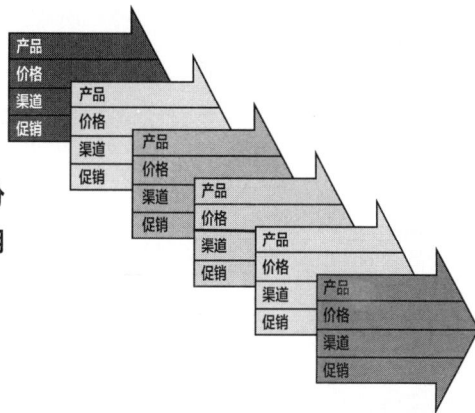

营销策划的组成要素

- 企业的自身能力
- 营销组合
- 组成细分市场的不同客户群
- 不断变化的商业环境

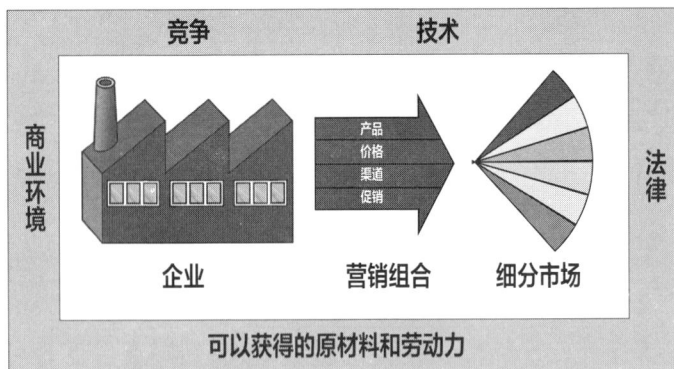

第一章小结

任何企业的一切活动都应以客户需求为焦点，我们称之为市场导向，也就是将企业的人力、财力、物力与客户需求相匹配。这种匹配是在一个大的动态经济环境下产生的，该经济环境包括：社会经济的不确定性、法律和政治的限制、技术和制度的改变，以及直接和间接的竞争。

这种匹配通常是企业的正规营销部门的职责。高级营销主管及其团队负责制订营销计划，其中清楚写明该生产什么样的产品，以什么价格、什么渠道和什么方式提供给客户，以及通过什么方式进行促销。这样做时，营销人员不仅要考虑4个"P"各自的效果，而且要考虑4个"P"相互间的影响，后者通常被称为"营销组合"。

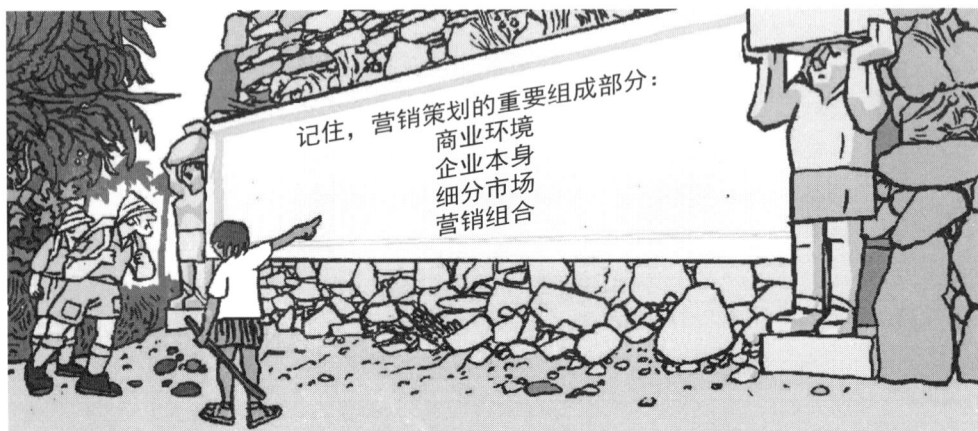

记住，营销策划的重要组成部分：
商业环境
企业本身
细分市场
营销组合

2

营销策划过程（一）

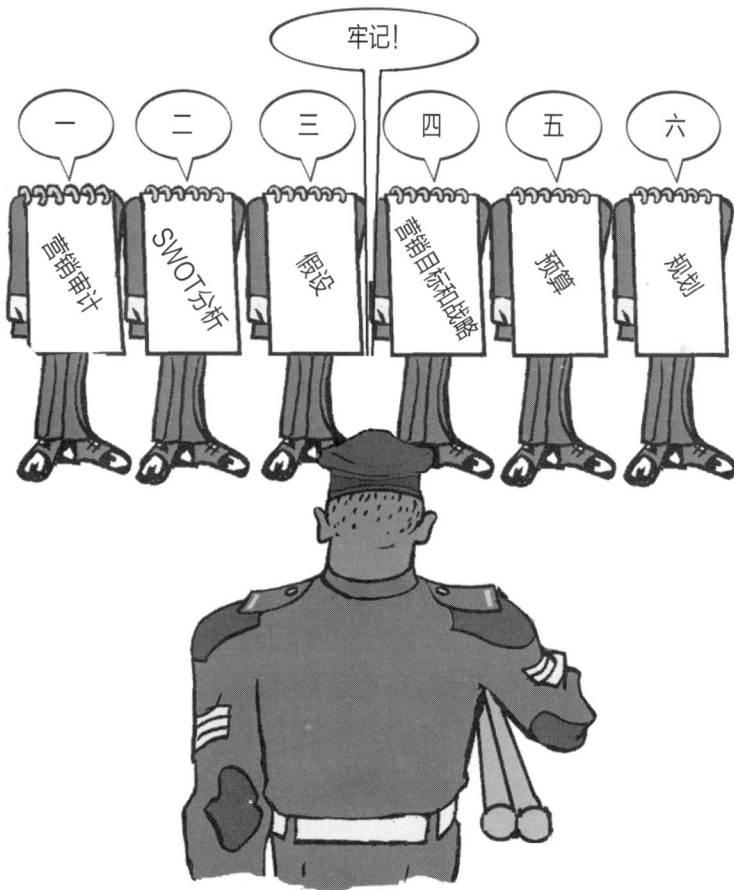

营销策划一开始，负责营销决策的人就必须搞清几件事。

他们要卖什么？
卖给谁？
他们究竟在做什么生意？

我们一致认为
我们想获得的目标是……

当他们在商业目标（常称作宗旨）上达成一致后，他们便会在很多企业目标上达成一致。

这些企业目标通常用财务指标表示，描述了（比如五年内）企业努力达成的目标。

当然，不同企业达成目标的时间表也不一样，比如说，汽车制造公司可能并不期望七年内达成企业目标，而流行音乐公司则希望几个月内就能盈利。

但是，无论是什么行业，企业决策者都必须考虑很多因素——股东的期望，竞争，企业的优势、劣势，资源，等等。

企业目标

不过，要想制订一个可行的企业计划，企业必须首先收集有关当前运营状态的信息，他们会使用一系列的**审计**。

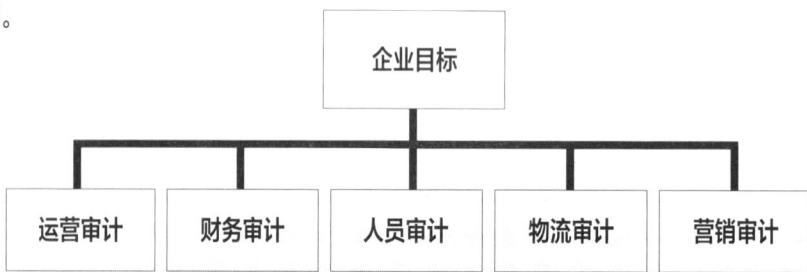

说到底，企业的目标是赚钱。所以企业目标可以用一系列财务指标来表达：营业额、税前利润、投资回报率、每股收益，等等。

```
                    企业目标
                       |
   ┌───────┬───────┬───────┬───────┐
运营审计  财务审计  人员审计  物流审计  营销审计
```

这些是一个制造业公司可能使用到的审计项目，每一个对应一项企业职能。这些审计应该可以解决一系列的问题，比如"在当前的市场上，企业凭借现有资源，能够实现企业目标吗？"这就意味着每个审计项目必须提供所涉领域的目标和战略。

```
                         ┌─────────────┐
                         │  企业目标    │
                         └──────┬──────┘
        ┌────────┬────────┬─────┴────┬────────┬────────┐
   ┌────┴───┐┌───┴────┐┌──┴─────┐┌───┴────┐┌──┴─────┐
   │ 运营审计 ││ 财务审计 ││ 人员审计 ││ 物流审计 ││ 营销审计 │
   └────┬───┘└───┬────┘└──┬─────┘└───┬────┘└──┬─────┘
        ▼        ▼        ▼          ▼        ▼
   ┌────────┐┌────────┐┌────────┐┌────────┐┌────────┐
   │目标和战略││目标和战略││目标和战略││目标和战略││目标和战略│
   └────┬───┘└───┬────┘└──┬─────┘└───┬────┘└──┬─────┘
        ▼        ▼        ▼          ▼        ▼
   ┌────────┐┌────────┐┌────────┐┌────────┐┌────────┐
   │  计划  ││  计划  ││  计划  ││  计划  ││  计划  │
   └────────┘└────────┘└────────┘└────────┘└────────┘
                         │
                    ┌────┴────┐
                    │ 企业计划 │
                    └─────────┘
```

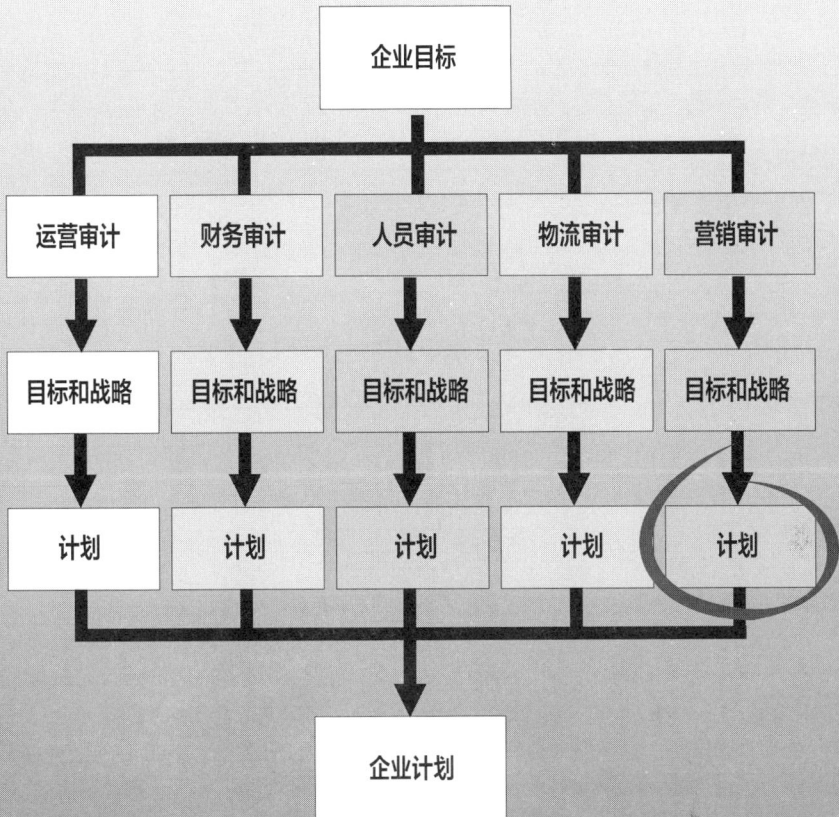

每一个领域最终都将形成一个包含大致收益、成本以及第一年详细计划的战略或长期计划，以实现各自的一系列目标，并在各自的范围内实施特定的战略。这些计划达成一致后，就汇集成企业计划。

本书只涉及这个由多方协调而成的计划的一部分，即如何制订一个战略性营销计划，而不涉及详细说明该做什么的一年运营计划。

首先，让我们来看看制定目标和战略时会遇到的问题——每个企业的每个部门都会遇到的问题。

企业财务目标展现了经济增长的远期目标。

这伴随着一系列的问题。

明确了这些问题之后，策划者还必须找到一系列的可选计划，择优而选，并明确这些计划提出的目标，同时估算成本。这个过程在理论上看很简单，但是实际上却并非如此，这是为什么呢？

其一，有各种各样的内部冲突需要解决。

其二，策划过程中的每个人都有他自己的做事方式。

如果每个人都我行我素，就无法形成一个条理清晰的计划。

并且，计划必须随着环境的变化而变化。

在没有纪律的情况下，在"什么是最重要的"这个问题上会有分歧：有人想要收益最大化，有人想要更大的利润，而其他人可能想要市场份额最大化，等等。

因此，营销计划的策划者必须制定规则，使整个过程制度化。这个规则还要非常灵活，并且从零开始。

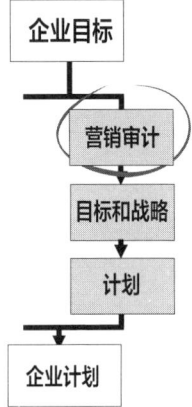

第一步就是明确财务目标。之后，便是审计步骤。营销审计可分成两部分——外部审计和内部审计。

现在，让我们来看看营销策划过程吧。

外部审计

每个企业都处于商业环境中，这个环境包含企业无法控制的很多因素：竞争、技术、法律、可获得的原材料及劳动力，等等。要弄清楚这些因素就需要外部审计。

内部审计

企业的运营（例如：销售团队的专业能力，产品和服务的质量，促销的效果，等等）是企业可以控制的因素，需要内部审计。

外部审计

外部审计用于估测市场需求，需要解答如下问题：

"我们想要装饰物！"

"我们能否满足市场的需求，而不用做过多的重组？"

"竞争对手是什么样的？他们是一支不容忽视的精锐队伍吗？他们拥有什么是我们没有的？"

政府立法是限制……

每日新闻

部长下达装饰物禁令

部长要求强制使用装饰物

……还是机会？

内部审计

以下问题可以用于评估企业的整体效率：

"你的销售团队足够强大吗？"

"你的服务水平如何？"

"你的产品是不是最好的？或者你是否已被对手取代？"

审计很重要。

企业中的审计由谁来做呢？

理想人选是部门经理，但不巧的是，他们也是最忙的人。

他们了解部门的工作，因为他们置身其中，而且他们也比外面的咨询师更便宜。他们的问题只在于如何找出时间来。

关于应该做什么，必须让他们有一个清楚的概念。

因为，作为专家，他们对专业领域的偏见会导致他们视野狭隘。

必须将整个评估过程标准化。

需要针对整个企业做一次标准的、严格的评估，因为为了使整个评估简单易行，流程应该制度化、系统化。

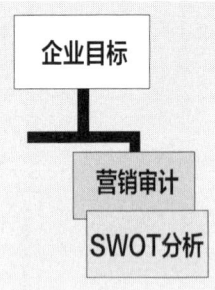

完成营销审计之后，营销策划者的下一步就是决定企业的营销目标和营销战略。为此，他们必须用SWOT分析法来分析营销审计所收集到的企业感兴趣的那部分信息。

优势（Strengths）和劣势（Weaknesses）是企业的内部特性，而机会（Opportunities）和威胁（Threats）是企业无法控制的外部因素。

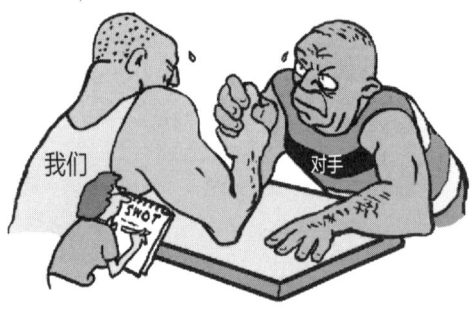

每次SWOT分析都应该形成一份简要文件，其中需要关注几个关键因素：企业和竞争对手的优势和劣势的不同点，以及机会和威胁。

这份文件还应该包括一个有关好坏表现的原因总结。这会是一份针对营销审计的简明、有趣的分析。以上是SWOT分析，而不是最终出现在营销计划中的审计。

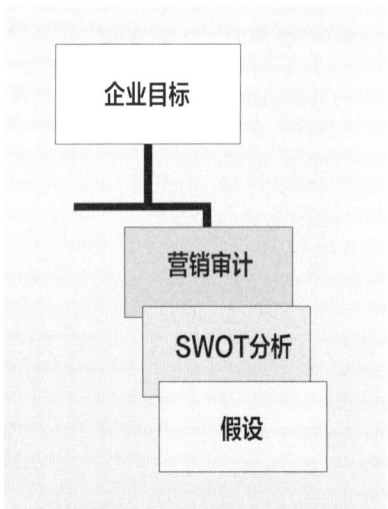

接下来，就有必要做一些假设了。

假设的对象是那些会影响企业，但你却无法控制的外部因素。

例如在上图中，马里奥认为今天会是个热天，而奥斯卡却指望天气会变冷。虽然他们都是基于以往经验做出的假设，但两人都无法预测未来。假设可以与一些因素联系起来，如产能过剩、价格水平对竞争的可能影响，等等。

假设的问题在于假设本身可能是错误的，所以，假设越少越好，且做出的假设应是有关联的。如果制订营销计划时不需要某一特定的假设，那么这个假设就是多余的。

针对关键的外部因素做出必要假设后，营销策划者对营销目标会非常明确，因此能够设计出完成这些目标的战略。

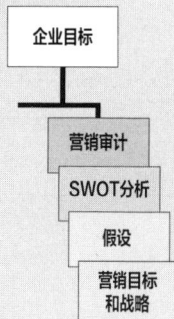

企业目标

营销审计

SWOT分析

假设

营销目标
和战略

目标 就是你想获得什么。

战略 就是如何计划去实现目标。

目标

目标

战略

如果你无法衡量目标，那么当你达到目标时，又怎么知道呢？

营销目标只关乎两件事：产品和市场。更确切地说，只关乎产品和市场的各种组合——现有市场的现有产品或新产品，或者新市场的现有产品或新产品。关于这四种组合的营销目标，在规模、利润、价值和市场份额上都不同。

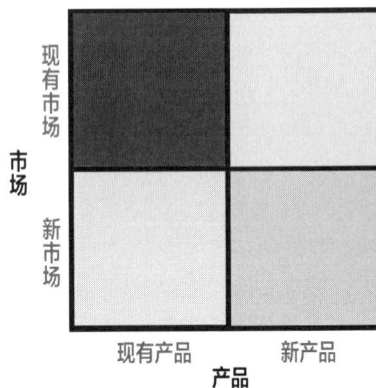

市场

现有市场

新市场

现有产品　　新产品

产品

战略

实现目标的方法

把产品卖到客户手中，需要依靠以下几个方面：产品、价格、渠道（渠道政策和客户服务水平）和促销（广告、销售团队、销售推广、电话中心、网络、直邮、公共关系、展览，等等）。

战略

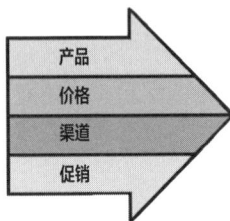

产品

价格

渠道

促销

在这个阶段，针对市场份额和利润等进行实地测试是很有用的。同时，要考虑一些备选计划，以防第一个计划无法顺利实施。

我们想要装饰物！

实地测试

现在只剩下制订营销计划了。

制订战略性营销计划的最后一步，就是在每年的预算中估算出营销战略的成本。一般来说，这将会显示出营销战略对固定间接成本的影响，这个过程被称为规划，包括估算出完成第一年战略性营销计划所需要的详细费用。营销计划还要特别关注企业的特性。

一个以产品为主的企业的整体营销计划也是以产品为中心的。

然而，一个以地理位置为主的企业的营销计划会基于不同区域的市场特性，包括不同的价格目标、产品目标和促销目标。

企业在商业目标上达成一致后，首先要明确企业目标，这需要一系列的审计（其中包括营销审计）。当信息采集结束后就要进行SWOT分析，之后要针对商业环境的可能变化做出假设，然后就到了最重要的一步——明确营销目标并制定达成该目标的战略。在评估完预期结果并制订了备选的计划及组合后，便可在长期预算上达成一致。最后，我们要完成一个更详细的进度计划和成本估算——规划。

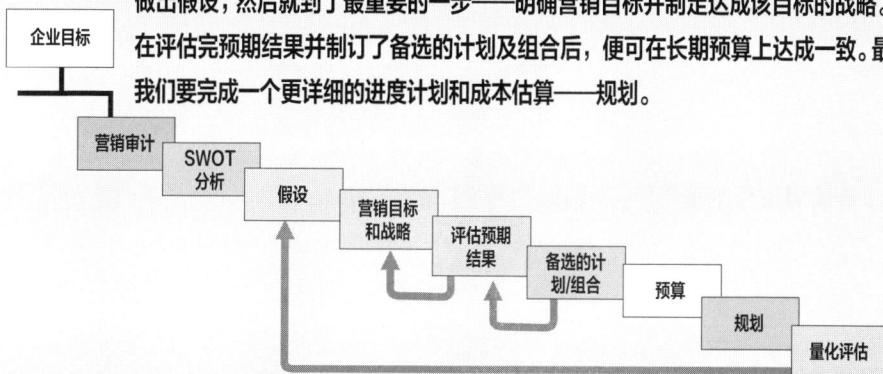

企业目标
营销审计
SWOT分析
假设
营销目标和战略
评估预期结果
备选的计划/组合
预算
规划
量化评估

最后……

本章讲述的这个营销策划过程也适用于那些只依赖少数重要客户的企业。在这种情况下，企业要针对每个大客户进行策划。

第二章小结

孤立地进行营销策划，而不管企业的生产、人员、财务等其他功能是不可行的。营销策划过程必须牢固地建立在企业策划系统上。

营销策划过程是一个为了达到营销目标而系统性地运用营销资源的过程。企业正是依靠这种方式监控那些影响其盈利能力的诸多内部和外部因素。营销策划还可以帮助企业了解为了达成目标所需要的特定的竞争地位，这有助于不同部门的经理共同合作，而不是独立地达成各自的目标。

营销策划过程通常包括几个步骤：营销审计、SWOT分析、形成假设、制定营销目标和战略、评估预期结果、制订备选的计划及组合、做预算、制订详细的行动规划和量化评估。其中，最重要的步骤就是制定营销目标和战略。营销目标始终反映产品与市场的匹配关系，营销战略则是实现营销目标的方式。

虽然营销策划过程具有普遍适用性，但是其正规程度取决于企业的规模以及多元化。

3

营销策划过程（二）

长期（战略）策划和短期（运营）策划必须协同工作。

打破 **迷思**

为什么有些企业制订营销计划时困难重重呢？营销策划过程有什么迷思和误解呢？

> 我们已经完成了营销策划，根本没涉及营销目标之类的乱七八糟的东西。

这个人错了，他所做的可能只是某种销售预测和预算。

所谓销售预测和预算就像这样：

唔……

> 去年我们有 **9%** 的销售增长。

首先，评估一下去年的情况。

今年……

> 我们要达到 **10%**！

然后，推测一下今年的情况。

最后，设定目标——这个目标也许现实，也许不现实。

既没有打算关注市场，也没有指出如何达成预期销售目标。

这个目标常常被放大，以激励销售团队更努力地工作。

同时削减预算，以防无法达到预期目标。

一种广为接受的方法就是由老板来设定利润目标……

……并且分散管理，这样各部门经理就会为这些目标负责。
就这样，一个"成功"的营销计划出现了！

不幸的是，很多企业在追求分散的利润目标时惨遭失败，这样的例子不胜枚举。事实上，汤姆·彼得斯在《追求卓越》一书中提到的那些成功企业，很少有存活8年以上的，并且大部分表现最好的企业都最终陷于严重的财务困境。

一般来说，所有的市场和产品都要求整体销量增长、收益率最大化，而不管市场份额和增长率如何，以及产品处于生命周期的哪个阶段（详见第六章）。

一个相关的问题就是：这些分散的部门只是根据"底线"来运作的。

这是因为有这样一种想法："对于部门经理来说，做他们最熟悉的事——管理他们现有的产品和客户以满足当年的预算，更为安全。"

结果，生产线的规模大得离谱，产品样式多得数不清，市场调研重复浪费，定价混乱，企业形象模糊，一片混乱，失败连连，最终整体利润下滑。

财务目标对于如何获得成果毫无帮助；用数字表示的现有市场上现有产品的销售预测也是如此。

企业需要营销目标和战略来决定如何实现未来的目标，这也是达成企业目标的唯一方法。但是找到合适的语言来描述营销目标比仅仅写下几个数字要难很多。

细分市场

很多经理不会想到不同细分市场的相对意义以及收集数据的重要性，除非这些做法的目的显而易见。所以，把企业的未来建立在销售预测和预算上可能会很危险。

销售预测和预算并没有考虑商业环境的变化……

……也没有考虑企业自身的变化，比如人员流动、技能变化、设备更新、技术改变等。

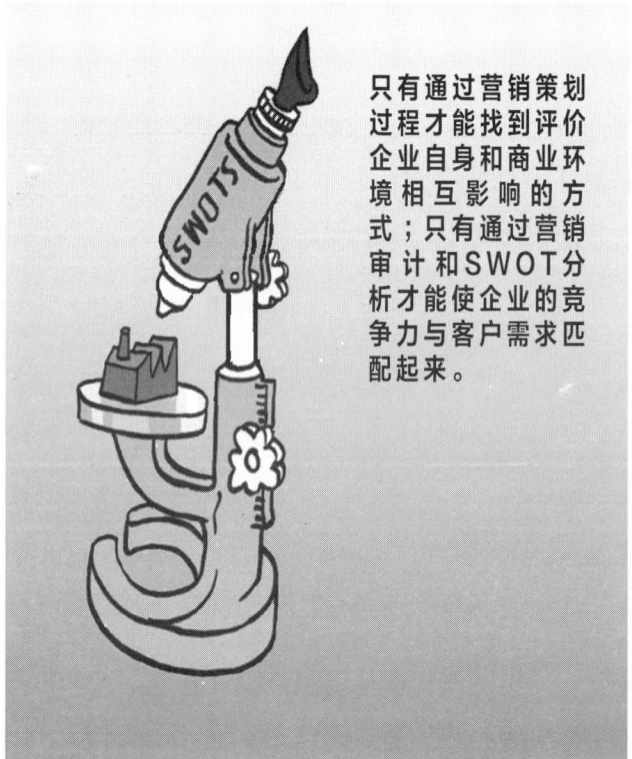

只有通过营销策划过程才能找到评价企业自身和商业环境相互影响的方式；只有通过营销审计和SWOT分析才能使企业的竞争力与客户需求匹配起来。

一个只会唱歌的傻瓜！

另外一个关于营销策划的迷思是：营销策划与商业成功没有关系。这是因为，有些个人和企业在没有做营销策划的情况下也能很成功，而有些虽然一丝不苟地做了营销策划，情况却很糟糕。事实是，一旦市场供不应求，无论是谁都能盈利。

即便生意很好，

那些有营销策划的个人或企业也会比那些没有营销策划的获得更多的利润。

除了有力的营销过程，成功还取决于：

运气

真可爱，我要了！
多少钱？

成功的标准

是富有？还是心态平和？

风格

我们只接待贵族。

有些企业认为，客户质量是衡量成功的要素。

创造力

但是，即使是天才产品，也需要满足客户的需求。

任何企业都需要制订营销计划。

企业在制订营销计划时会碰到的问题有：企业无法有效地运作，商业环境带来威胁，且这些威胁往往难以预料。

问题出现时，大多数管理者解决起来似乎很轻松，因为他们每天都在忙于经营企业。

即使他们完全赞成一起制订营销计划，他们也没有多少时间考虑将来的问题，因为他们一直忙于处理眼前的问题。

另外一个问题是，不同的人的职责是不同的。

办公室勤杂员

总经理

大量的外部或内部问题导致了制订和实施营销计划的复杂性，因此很多企业都在没有营销策划的情况下进行贸易。但是，即使这个过程本身很简单，由于人性的弱点，实施起来仍异常艰难。

关于营销策划的目的，每个人都有自己的想法。

举个例子，如果首席执行官不愿意看到营销策划的重要性，事情就很难有进展。

在那些以部门管理为主的企业，更是尤其艰难，因为部门间会争权夺利。

但是，如果管理层对营销策划足够关心，如何让相关各部门合作准备营销计划，方法其实很明确，你必须告诉他们：

你需要为营销策划制订计划——一份时间表。

我们无法保证忙碌的部门经理会通力合作。如果突然给他们一本厚厚的关于准备营销计划的手册，他们会大吃一惊。他们可能缺乏关于基础营销理念和收集数据的必要知识。营销策划这一概念对他们来说也许难以理解。

所以，他们会把营销策划当作一种销售预测，他们会根据当前市场整理一份销售数据，美其名曰"营销计划"，其实只是应付了事。

如果营销策划以每年例行的方式进行，那将只是敷衍了事，最终结果只是一堆文件被归档而已。

长期策划者

短期策划者

企业"总部"也会破坏营销策划过程，他们可能认为长期策划才是总部的职责，短期策划与自己无关，因为那是业务经理的事。当这种情况发生时，长期策划只是帮助董事们理解的统计推断，短期策划则又变成了制定预算和销售预测。

总部

长期计划

短期计划

结果是，长期计划和短期计划缺少共同的方向。如果长期策划者没有考虑协调未来计划和当前问题的难度，运营经理们也不会考虑还有什么变革可以实施。

策划者往往会引起其他经理的不满，企业大多数人也会对其不理不睬。总部认为他是营销目标和战略的牵头人，而不是营销策划的牵头人。没有运营经理的合作，他就变成了总部的行政助理，起不到什么作用。

讨人嫌

总部有时候会指定一个"策划者"，这会让错误更加严重。他们希望这个策划者完全独立于现实局面和部门经理的问题而只履行他的职责。在这种情况下，我们提到过的所有问题都会被放大。

总部

请勿打扰

这个策划者常常处于尴尬的中间位置，面对一种无法调和的斗争局面……

总部　运营

……并没有多少高管懂得营销策划，所以他们对策划者会有很多不现实的期望。

更重要的是，任命了策划者之后，最高管理层就不用再考虑这些难题了。

所以，为了使营销计划获得成功，营销策划过程必须将运营考虑在内，并且打破前面提到的关于营销策划的两个迷思，这两点都很重要。

营销策划有一个实用可行的框架，能让企业看清所面临的关键问题，并为各管理层之间的通力合作奠定基础。

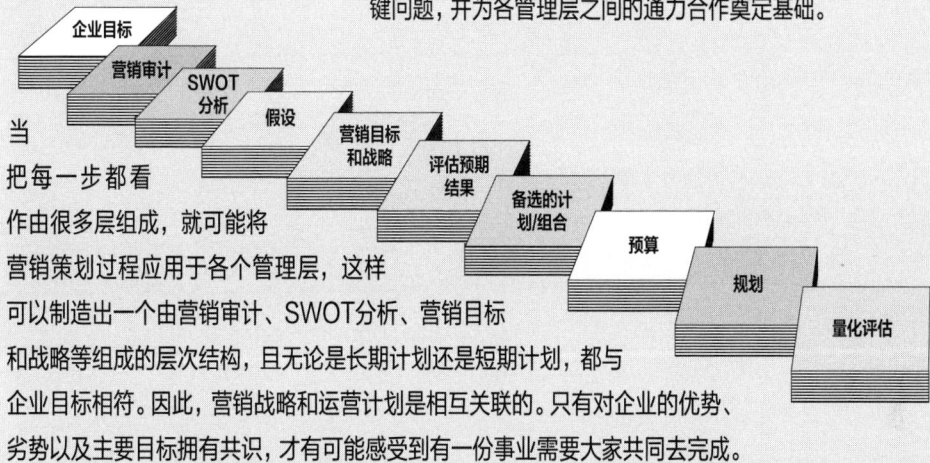

当把每一步都看作由很多层组成，就可能将营销策划过程应用于各个管理层，这样可以制造出一个由营销审计、SWOT分析、营销目标和战略等组成的层次结构，且无论是长期计划还是短期计划，都与企业目标相符。因此，营销战略和运营计划是相互关联的。只有对企业的优势、劣势以及主要目标拥有共识，才有可能感受到有一份事业需要大家共同去完成。

第三章小结

人们对营销普遍不甚了解，也搞不清营销策划和销售预测及预算之间的区别，这会使运营经理一直对企业仅存狭隘的、短期的观念，并推断企业在未来不会改变。在那些不理解也不实施营销策划的企业中，运营问题存在一些共性。这些运营问题都以组织效率降低为核心，主要表现为管理不善，而这是由矛盾冲突、信息缺少、重复劳动，以及对企业缺乏整体控制导致的。

相比之下，那些拥有有效营销策划过程的企业的组织效率很高，能够很好地控制环境。除非满足以下条件，否则营销策划就是不完整的：首席执行官必须理解营销策划的过程并且积极地参与进去，同时必须实现企业不同职能部门的一体化管理，使营销战略和运营计划相互关联。

4

客户与营销审计

在这一章, 我们将把目光投向企业外部, 调查一个重要的人群——客户。

我们会立刻发现一些差别。

客户 (购买产
品的人) 和消费
者 (使用产品但不
一定购买, 可能依
靠客户提供的人)
是不同的。

客户

消费者

好吃极了!

举个例子 : 一个顾客购买早餐麦
片, 但自己却不吃。他是客户, 而食
用麦片的家人是消费者。

所以, 无论我们如何看待
客户, 我们都必须关心最
终消费者的需求。然而为
了简单起见, 我们统称他
们为客户。企业中的大多
数人都知道客户是各式各
样的。这里以预制建筑业
为例。

这些是我们的客户 :

当地权力机构

军队

制造商

地产开发商

每类客户都有不同的需求, 企业必须用不同的方式予以满足。

当地权力机构可能想要相对便宜但具有吸引力的双层家庭建筑, 军队可能想要基本的、容易建造的
结构……

……制造商可能想要宽敞的仓库，地产开发商可能想要一个地处西班牙布拉瓦海岸的奢华小屋。

在市场营销领域，企业面对的并不是单一的市场。

你还必须知道，有多少人购买你的产品，而不是别人的。换句话说，供应商需要知道他们在每个细分市场的份额以及他们面对多少市场。

细分市场

每个细分市场都由一些拥有类似需求的客户组成。细分市场可能是临时结构的，比如同时包括现场工程师和士兵。要了解细分市场，就必须了解客户的需求。

接下来的问题是，你处于哪种市场？左图是一个卖地毯的，他的生意属于销售地面覆盖物的行业。

当然，他卖的地毯并不适用于这种地面。大多数成功的企业都知道如何缩小市场范围，使其拥有较大的市场份额，即使是一个很小的市场。这比在一个大市场中有较小的份额好多了。

但即使在同一个市场内，也并非所有事情都是一样的。
有些客户的价值更高。

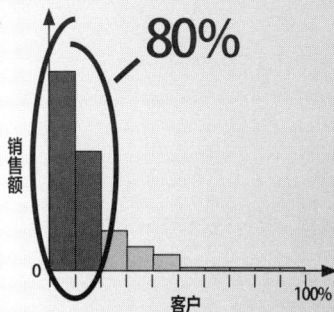

80%

地毯店

这个现象我们称之为"帕雷托法则"，即企业80%的收入来自20%的客户。

但是在你放弃另外那80%的客户前，请记住：你最好的潜在客户可能就在其中。即使你这么做了，剩下的20%也还会遵从帕雷托法则。

所以，这就是客户。有的会购买更多的产品，有的希望产品具有更好的质量，有的喜欢较低的价格或快捷的服务，等等。他们的共同点就是他们都遵守帕雷托法则。记住，你的客户归于不同的细分市场。

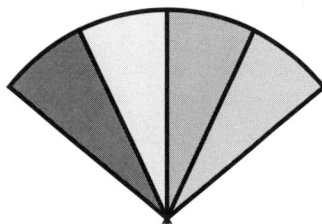

细分市场

通过了解每个细分市场的特征，我们可以制造最能满足客户特定需求的产品，并以客户可接受的价格出售——虽然不一定是最低的价格。

不要只在价格上竞争

企业必须满足至少一个细分市场的需求——提供客户认为值得购买的一种产品或一系列产品（或服务）。否则，企业将发现自己在模仿市场领导者，并仅在价格上与之竞争，这对企业来说是毁灭性的。要通过细分市场看清整个市场的另外一个原因是：企业可以集中精力做自己最擅长的事。

最好的

最便宜的

做你最擅长的事

比如说，
一个
生产
机油的
小公司可以

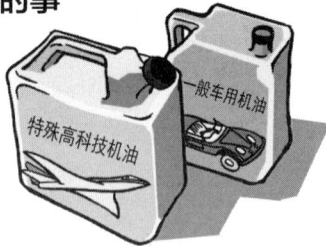

集中精力主攻自己的专长业务——为高科技公司提供昂贵的机油，而不是与提供一般机油的跨国企业竞争。

记住，SWOT分析可以揭示企业的优势及劣势，以及市场中的机会和威胁。只有明白自身的优势及劣势，你才能抓住企业所处的细分市场中的机会。

使用 SWOT 分析

可以通过两个方面对细分市场进行分析：

客户行为

和

客户属性

客户行为

通过分析客户行为，我们要回答："他买了什么？"和"他为什么买？"。"买了什么"能够说明产品的物理特性、销量、总价值、单位成本、购买的频率和购买的地点。这可以告诉我们市场是什么样的。"为什么买"能够说明客户决定购买的理性程度。

理性的

非理性的

非理性决定来自心理压力和社会压力。这里举个例子，假设有个客户想买一辆汽车。

当他透过橱窗看到汽车时，他的脑海中会
闪现两个想法。

一个是理性的想法，即把汽车看作普通的交通工具。

另外一个是非理性的想法，即感觉自己开
起某种豪车会年轻20岁。

他最终可能会听家人的意见购买一辆价格适中的
汽车，但这同样是在非理性的压力下决定的，例
如害怕别人嘲笑，或者担心看上去过于张扬。

我们可以运用客户行为的有关信息来增强我们的营销优势。

然而…… 客户购买汽车时，无论是理性还是非理性的想法，都并非关乎汽车本身，而是客户期望那辆汽车可以带给他的利益。

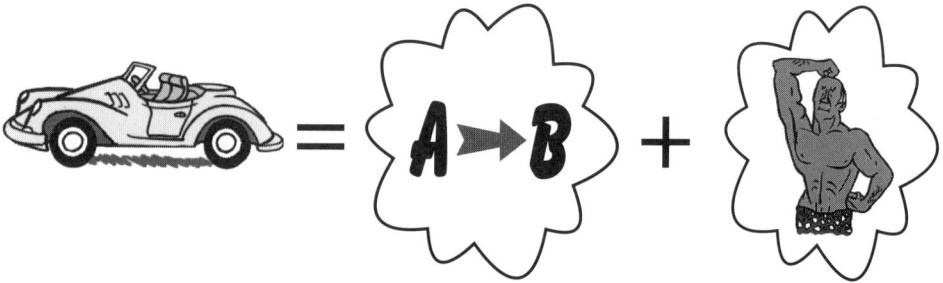

或许，我们可以用文字来描述这个公式：

| 买 这辆车 | 意味着 | 你可以更快地从一个地方到达另一个地方， | 并且 | 能在这个过程中出尽风头。 |

在这个等式中，请注意关键词 → 意味着

实际上，它把产品解释成了利益。在一个竞争激烈的市场中，很多产品会有相同或相似的特征。那些能指出这些产品的利益而非特征的销售人员，与其他竞争者相比，对客户来说更有心理优势。

总而言之，客户追求利益。知道客户在追求哪些利益，我们就能更好地设计营销组合。营销组合就是销售时包括产品、价格、渠道和促销的匹配过程。

当客户实施购买行为时，他们实际在购买利益。

"这辆车可以在8秒内完成从0到60迈的加速，并且能以120迈的速度行驶一整天。这意味着你可以很快从A到达B。"

"这辆车拥有非常精美的外形，这意味着拥有此车的人会让所有人另眼相看。"

"意味着"这个词体现了利益细分的原则。这是一种以利益看待市场的方式，具体包括三个基础的变量：
· 标准利益
· 连带利益
· 特殊利益

标准利益	连带利益	特殊利益

"……由四个轮子组装而成！"

这种利益强调客户和商家之间的关系，比如说，提供24小时的递送服务意味着可以减少商家50%的库存。

现在
直到
永远

把产品解释成利益的一个简单案例就是出售标准利益。在销售中，每种利益都应包括在内，不管看上去多么明显。比如说，客户可以选择手动挡或者自动挡，这意味着客户可以选择享受手动挡的控制感，也可以选择享受自动挡的轻松方便。

你要仔细说明你的产品胜过其他产品的优势。比如"我们的滚珠轴承是按高规格设计的"意味着这个产品故障较少，可以为客户节省20%的总成本。

客户属性

分析细分市场的第二个重要方法就是分析客户属性。了解客户喜好的巨大优势就是你能和他们沟通。

可以通过很多方面来定义客户：年龄、性别、教育程度、婚姻状况，等等。

A   B   C1 C2   E?

也可以通过社会经济状况进行分组。

在发布广告时，这种分组方式是很有用的。有一部分客户是通过报纸获知信息的，还有的是通过手机、海报或电视广告获知的。

在工业市场中，人口统计细分可以按照规模、生产过程、服务市场、工业类型、地理位置、职工人数等对客户进行分类。

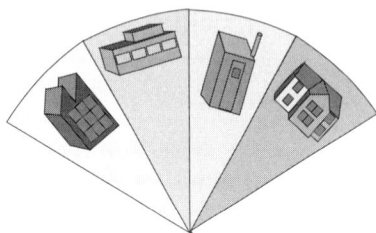

通过人口和社会经济分组，你可以获得与客户沟通的最佳途径。

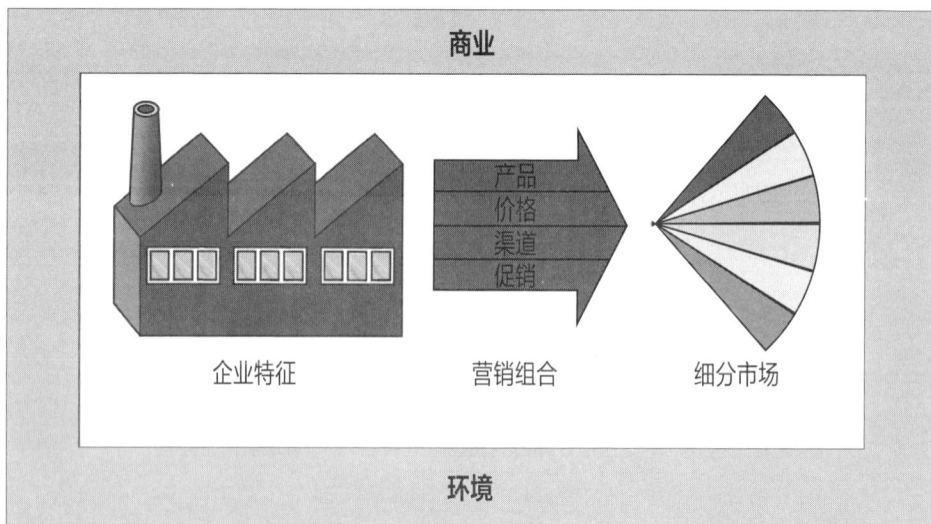

在这份商业地图，即营销模型中，我们已经完成了客户审计的介绍，并解释了细分市场的意义。

在下一章，我们将关注营销组合，尤其是我们所销售的产品。

第四章小结

策划和实施一个有效的营销战略时，首先要给客户或潜在客户下一个精确且可行的定义。明白收入和利润的来源，是了解现有市场份额和评估未来潜力的关键。一系列问题可能会立刻暴露出来，比如，客户和消费者是一样的吗？需要用什么方法来明确一个市场？

客户与客户是不同的——他们的身份和购买动机不同，了解了这一点，就为进行市场细分提供了机会。对客户进行分类的方法非常重要，必须注意分类标准的选择。虽然可以通过多个维度对客户进行分类，但是只有那些与购买行为相关而且具有可行性的标准对决策者来说才是有用的。

我们必须明白市场是由人组成的，我们需要找到将这些人归于不同细分市场的方法，比如，通过他们的购买特点(频率、价格、数量，等等)或寻求的利益(质量、服务、地位、省钱，等等)进行划分。

最后，我们需要知道每类客户的属性，以便与他们沟通。

5

产品审计

现金牛
一个小心的主人
较高的转售价值

营销组合

产品
价格
渠道
促销

本章我们会谈到如何评估企业所提供的产品或服务。首先，产品是什么？

这个5mm的钻头是一个产品。

但是，它是客户所需要的吗？

5mm

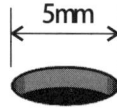

当人们可以用更加便宜的其他方式钻5mm的洞时，做这种钻头的企业就有必要换一种方式维持生存了。

这是因为人们购买的是利益，而不是产品。

还记得这个词吗？

意味着

只有产品能够给客户带来他们需要的利益时，产品才会有人购买。就像我们在上一章看到的，利益与技术性能无关。

还是以那个想买车的人为例。

他认为买车可以让他更快地从A到达B（理性的想法），但是他也考虑到了自己形象的改变（非理性的想法）。另外一个问题就是，他的邻居——那个他认为很时髦的人，已经买了他想要的那辆车。

因为客户的需求非完全理性，所以企业的产品决策不应该完全依靠产品研发部门或技术人员。

产品还有另外一个重要特性（服务也是一样）。

没有任何产品或服务可以提供永久的利益

所有的产品和服务都有生命周期。

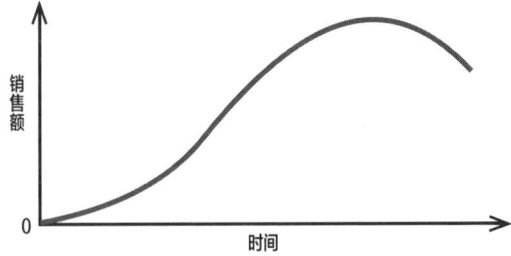
产品生命周期曲线

销售额

0

时间

任何产品或服务刚进入市场时，销售额都会从零开始增长，然后迅速攀升，直到一个最高点之后再逐渐降为零。一方面是因为它会被更好的产品或服务取代，另一方面原因是那些受客户影响的因素，而这些因素会扩散创新的效果。

当一个新产品出现时，一小部分喜欢新事物的客户会首先购买，之后便是更多的意见领袖，再之后是更大的群体，即早期多数使用者。还有一大群使用者会较晚进入这个市场，直到最终落后的一小部分人也接受了这个产品。现在，每个会购买该产品的人都在使用它，市场将不再增长。当市场中的每个可能使用该产品的客户都拥有它时，这个市场就变成了一个替代市场。比如说，几乎每个3岁到93岁的人都有了计算器，这就是一个替代市场。

创新的扩散

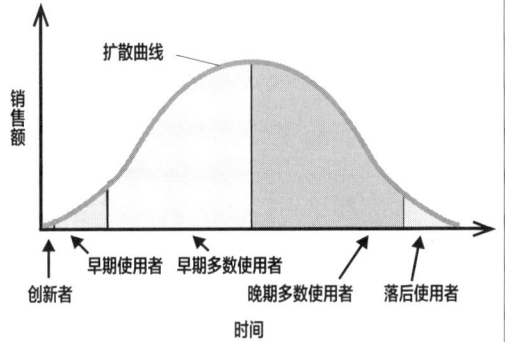
销售额

扩散曲线

创新者　早期使用者　早期多数使用者　晚期多数使用者　落后使用者

时间

案例分析：

有家注模公司在尝试销售塑料玩具牛仔帽时遭遇失败。
NO!

太差了!!!
太差了!!!

制造过程中的一个失误导致塑形失败，产品无法销售出去。

在扔掉这个讨厌的产品时，总经理发现了一个有趣的现象。他无论如何努力地扔出去，都无法摆脱这个帽子。

每次扔帽子，它都会以一个完美的弧线回到他身边。就帽子来说，这是个失败的产品，但是作为回力镖，这却是一次非凡的成功。

回力镖？

飞盘？

飞镖！

这时一旦想到一个合适的名字，就可以在市场上推广该产品了。

我要飞镖！

飞镖

给我！

该产品瞬间就成功了，并在很短的一段时间内，销售额迅速增长。

在这个时候，竞争出现了。

别的企业利用飞镖的成功，开始制造自己的产品。

奇镖

给我！

奇镖

我想要奇镖！

这种产品开始流行起来，基本上每个人都在买，也似乎每个人都在卖。但是经过一段时间，狂热开始消退，产品的增长速度放缓，市场上只有很少的客户，却有大量的供货商。

最终，那些没有其他产品的公司倒闭了。这就是产品生命周期的一个例子。

价格战开始了，那些没做好准备的公司开始退出市场。最终，人们的狂热消失了，这个产品也过时了。

产品生命周期共有五个阶段。在引入期，新产品进入市场，并且几乎没有人知道，销售额增长缓慢；进入成长期，销售额迅速增长，这时竞争者进入市场并开始推广他们的产品；然后销售增长率下降，这就是成熟期；之后市场逐渐达到饱和，因为有太多的企业在争夺消费者。

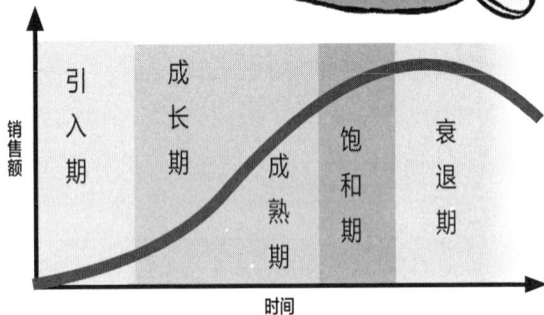

于是一场价格战开始了，有些企业开始出局。最后市场下滑，当前产品变得无利可图，产品进入衰退期。

如果销售该产品的企业没有采取正确的举措，情况就会如此。然而……

产品生命周期是可以延长的。

如果在饱和期之前扩展产品范围,在产品生命周期曲线上可能会形成一波新的增长。当曲线开始下滑时,企业可以开发新的市场,使产品生命周期得以延长。

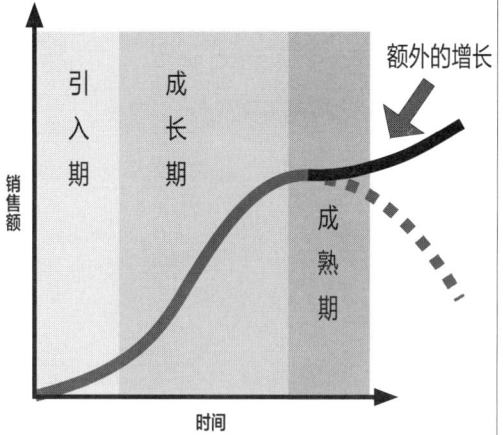

其实还有一段产品生命周期没有谈到,那就是最开始的一段——开发期。

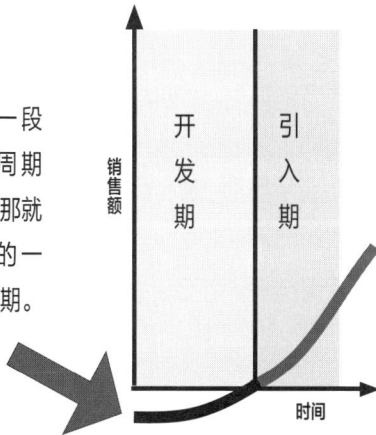

产品生命周期的开发期花费高昂,因为开发阶段并不会带来销售额,所以属于净损失阶段,但是对于产品的存在却至关重要(无论产品生命周期是长是短)。所以,将各种因素全部考虑在内,一个产品的生命周期可以是这样的:

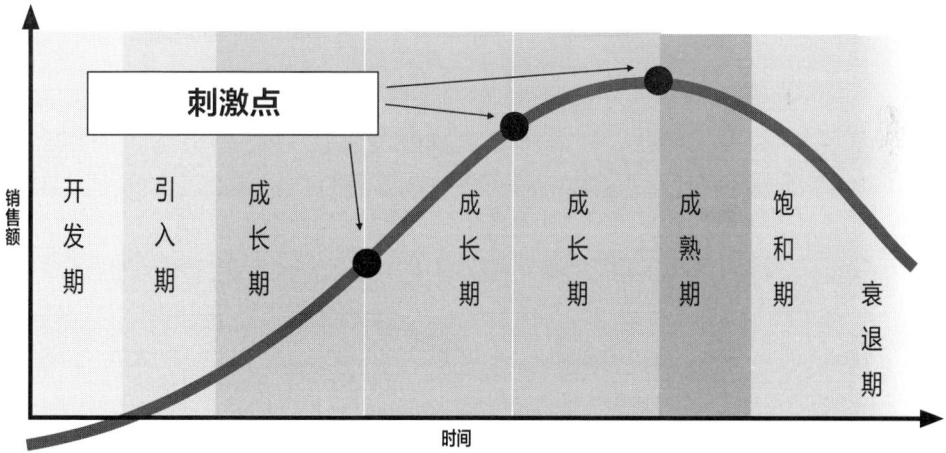

经过起初的开发阶段,企业将产品引入市场,并通过各种方式不断刺激销售额增长,如通过产品改进、产品范围扩展、新市场等,使产品生命周期得以延长,但最后仍不可避免地进入成熟期、饱和期和衰退期。

在以下这个案例中，我们可以看到某企业在管理其工业产品时的具体情况。在销售额增长放缓时，企业发起了产品范围扩展和新市场开发项目，成功地延长了产品的成长期。与此同时，企业开始开发新产品，甚至开始考虑潜在领域，以实现多元化经营。

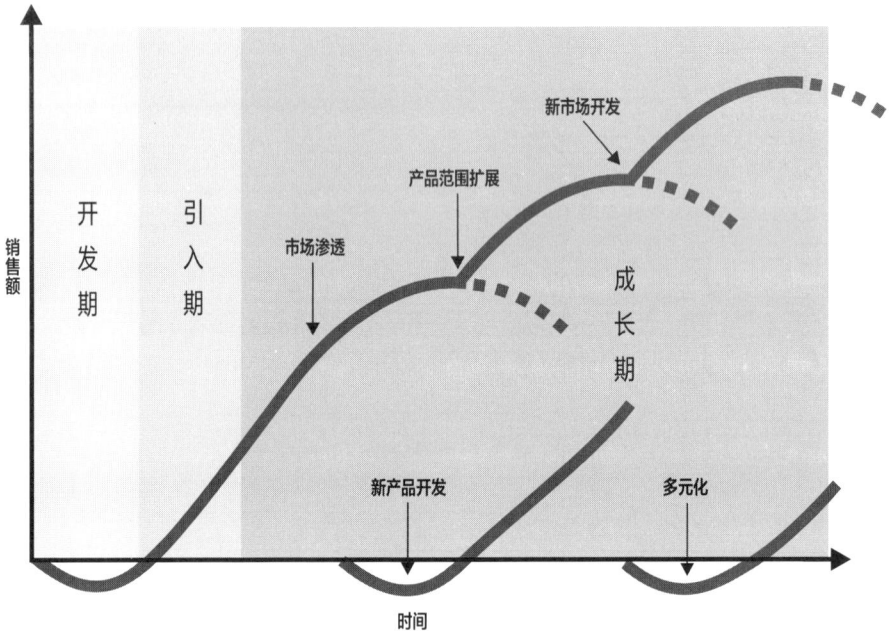

产品生命周期如何影响营销组合

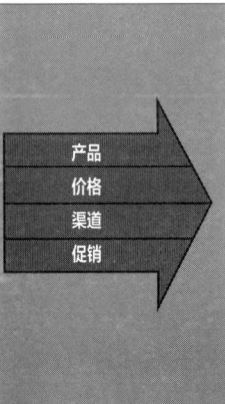

营销组合的四个元素会以自己的方式做出回应。比如，我们已经看到产品在它的生命周期中也许不得不改变；如果企业加入了价格战，其价格政策也必须是灵活的，否则将失去市场份额——尤其在市场缩减时这个因素很重要。促销也是一样，在引入期，让客户知道产品存在是很重要的，而在成长期，企业有必要把产品优于竞争者的特点告知客户。

62

下图展示了产品进入生命周期的不同阶段，从独一无二的产品变为一般商品的过程中，营销组合中的重要特征元素是如何变化的。

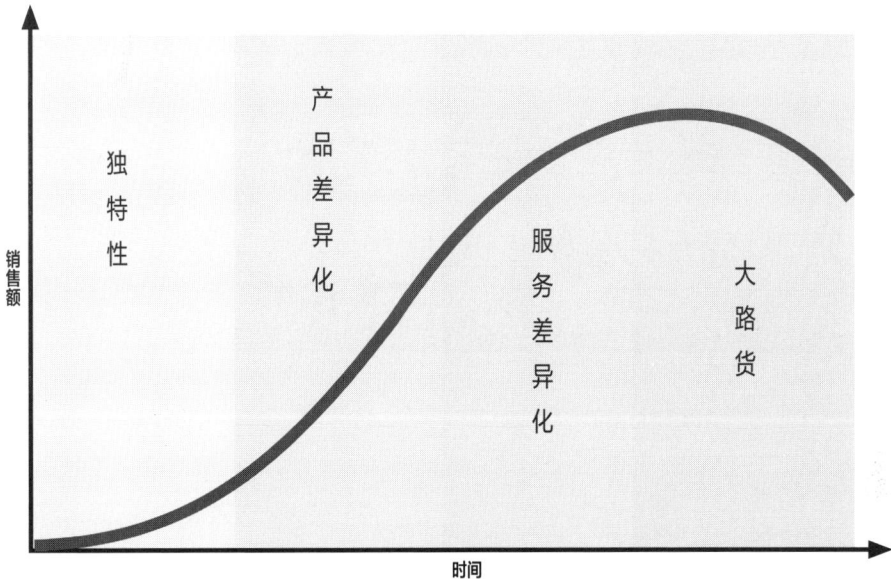

市场信息	解释	竞争	品牌价值	企业
销售	先驱	利润分销	基于关系	基于可得性
分销	直销	包销	规模分销	80：20
价格	非常高	高	中等	低（由消费者控制）
竞争程度	无	少	许多	更少；更大；国际化
成本	非常高	中等	中等/低	非常低
利润	中等/高	高	中等/高	中等/低
管理风格	愿景管理	战略管理	运营管理	成本管理

市场 一直在变化

产品生命周期对企业的各个方面都很重要，因为它让人们知道每个产品都是不断变化的。在某一阶段比较成功的策略，可能在另一阶段就不会如此成功。然而，有些产品，比如计算器、冰箱、洗衣机、汽车等，是成熟市场中的替代品，并且销量不太可能缩减，除非出现一个全新的产品。

多种产品的生命周期

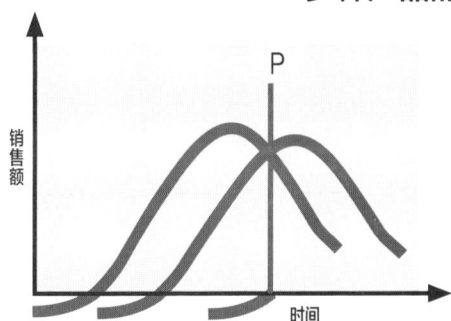

一般来说，企业会同时销售多种产品。每种产品都有自己的生命周期，持续时间不同，开始时间也不同。所有产品并非同等重要。这些产品的集合称为产品组合。上图直线P代表企业历史上的一个特定时间，这时某个产品处于衰退期，某个产品处于饱和期，某个产品则刚刚投入市场。

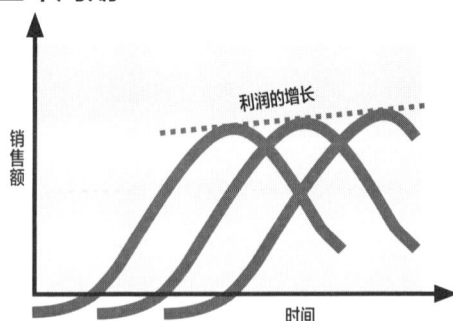

如果在很长一段时间内，产品的利润一直在增长，企业应该适时推出新产品，以取得利润连续增长。这是产品组合管理的原则。产品组合的目的就是平衡增长、现金流和风险。当市场增长或缩水时，单个产品的销售额会升高或降低，产品组合也会相应改变，所以企业经常回顾产品组合是很有必要的。了解产品生命周期对理解营销策划和管理很重要。

市场份额和市场成长的关系

首先，我们来看看市场份额。

产品A和产品B正在同一个市场相互竞争。在性能上，它们基本是一样的，且价格也一样，但是产品B的制造者拥有一个优势。

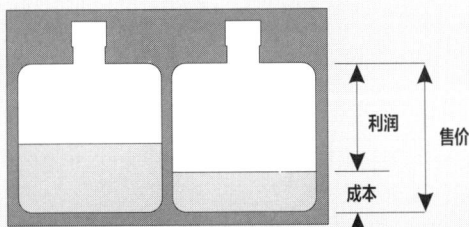

这个优势在于产品B的成本比产品A低。所以，产品B的利润比产品A高，它可以通过销量增长来实现规模经济。换句话说，相对于产品A来说，产品B有更大的市场份额。

进入成熟期时，产品价格开始下降，成本占销售额（售价）的比例上升，所以产品A和产品B的利润都下降了。

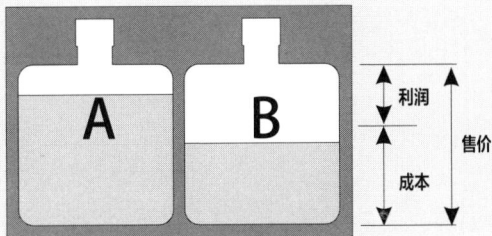

这时，产品B的利润虽然减少了，但是它的利润占销售额的比例还是比产品A大很多，销售产品A的企业会发觉价格战对它的影响更大。

市场规模和市场份额

上图是一家供应船用轴承的小公司，理论上轴承市场的规模很大，所以没太留心的观察者会认为这个公司拥有非常小的市场份额。但是，实际上，这家公司在船用轴承这个高度专业化的市场上占有很大的份额，所以它和一个提供大众化产品的大公司具有同样强有力的市场地位。

所以，不论市场规模大小，高市场份额都是成功所必需的条件。

市场增长

在一个缓慢增长的市场（比如可能包括无摩擦船用轴承销售市场），企业扩大市场份额的代价很高，并且很难。因为这个市场可能已经成熟，产品生命周期到达了饱和期，市场由几家大企业所控制。

但是一个快速增长的市场，情况就完全不一样了，因为如果企业想快速扩大尽可能多的市场份额，促销成本会很高，所以很多企业宁愿维持现状，因为它们在一个扩张的市场中似乎表现得很好。但是它们错了，企业的增长率将比市场的增长率低很多。这就逐步地让那些更具攻击性的竞争对手有了成本优势，就像前文提到的销售产品A和产品B的企业那样。

波士顿矩阵

波士顿咨询集团已将这些关于市场份额和市场增长的概念整合在了一个矩阵中。

总体市场

假设图中最大的矩形区域代表了某个产品的总体市场，其中，C公司和D公司是这个产品的竞争者。

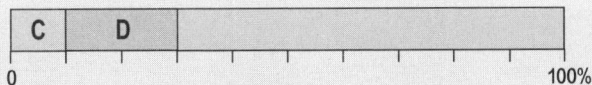

C	D		

0   100%

总体市场

D公司是该市场里最大的公司，市场份额是C公司的两倍，虽然它们的市场份额之差只有整个市场的10%。

右图纵轴表示一个企业所有的产品或服务市场的平均增长率。

市场增长率

这个矩阵反映了一个企业在任何市场的相对份额和增长。

相对市场份额

左图横轴表示一个企业对其最大竞争对手的支配程度。D公司的支配度是C公司的两倍，因为它的市场份额是C公司的两倍。

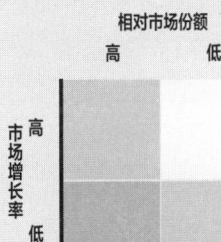

相对市场份额
高　　　低

市场增长率
高
低

左图的四个象限是：

· 高增长率，高份额

· 高增长率，低份额

· 低增长率，高份额

· 低增长率，低份额

相对市场份额
高　　　低

市场增长率
高
低

	高	低
高	增长性投资	选择性投资
低	管理收入	撤退或管理现金

波士顿咨询集团把每根轴分别分成两部分，于是把上图分成了四个区域或象限。

任何企业的产品销售表现都会对应这四个象限中的一个。

波士顿咨询集团还为这四个象限分别添加了合适的标签（见右图）。

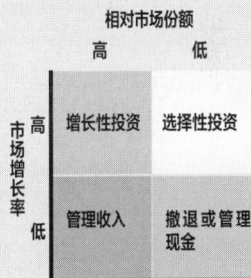

针对产品的盈利前景，上图每个象限中的标签都给出了相对应的资金管理建议。

处于高市场份额和高增长率区域的产品是企业重点投资的"明星"（表现最好的）产品。选择性投资区域表示产品组合中的一些或所有产品伴有风险，在营销中它们常常被称为"野猫"产品，因为它们具有不可预测性。在低增长率和高市场份额的区域，产品被称为"现金牛"，这些产品不需要多少努力就能维持盈利。而最后一个区域，即低增长率和低市场份额的区域，包含那些无法盈利而应该放弃的产品，常被称为"瘦狗"产品。

汽车行业的波士顿矩阵分析

明星产品已经获得了高市场份额，并赚取了很多利润，但是因为市场增长迅速，企业可能还要用大量资金来维持它的市场支配地位。

野猫（或问题）产品是还没有获得市场支配地位，或者可能有过，却又滑下来的产品。这类产品的市场正快速增长，如果企业希望争取市场份额并获得较强的成本优势，就必须投入大量资金。

现金牛产品是市场的领导者，这个市场基本不再增长，如成熟市场。现金牛产品是一个很棒的资金赚取者，因为市场增长率低，企业无须增加投资。现金牛产品是任何企业最大的收入来源。

最后是"瘦狗"产品，它们没有什么未来，只会消耗资金，因为市场基本没有什么增长，而且竞争者的成本也更低。企业不值得在这类产品上花钱或浪费时间，而应采取撤退战略，除非它们是产品系列必不可少的一部分。

波士顿矩阵在预测企业未来方面尤为有用，且与产品生命周期共同使用时，可以帮助我们针对产品系列中的每一个重要产品做出决定。但是波士顿矩阵的假设仅仅建立在相对市场份额和市场增长率上，有些企业需要一些更加灵活的方法，因为一些特定种类的产品的市场份额可能与盈利能力没有什么关系，拥有相同生产流程的产品就是如此。主要记住一点，企业应该用某种方法来定义它的市场，以使其具有竞争力。为了做到这一点，像通用电气、麦肯锡和壳牌这样的公司就扩展了波士顿矩阵的理念。

对波士顿矩阵的再度开发考虑了除相对市场份额和市场增长率的其他因素，因为这两个因素只能形成一个最基本的营销工具。比如说，如果企业已经在生产一个"明星"或"现金牛"产品，使用相同的生产流程来开发一个"野猫"产品也是低风险的，所以很难直接比较两个产品，而这个矩阵也变得不准确了。

同时装瓶、贴标并分销低价无酒精啤酒和畅销啤酒，这个啤酒厂不仅让那些暂别酒精的客户记住了他们的品牌，它的无酒精啤酒还创造了小额利润，因为使用了同品牌畅销产品的生产流程。

现金牛产品线　瘦狗产品线

还必须考虑企业的性质：SWOT分析让管理者对企业的优势和劣势有了一个清楚的概念，使管理者能看到企业在哪个领域会获得最大的成功。

我们在做……　什么……　……生意？

另一个要考虑的就是特定市场的吸引力。市场份额和市场增长率的可能性仍很重要，但是必须同时考虑其他因素。

决策，决策……

除了市场份额和市场增长率，评估细分市场的规模也很重要。评估时要考虑市场容量或价值、增长率、可获得的潜在利润、竞争因素，等等。换言之，就是SWOT分析中的威胁和机会。

麦克唐纳四格定向政策矩阵

企业/公司的相对优势

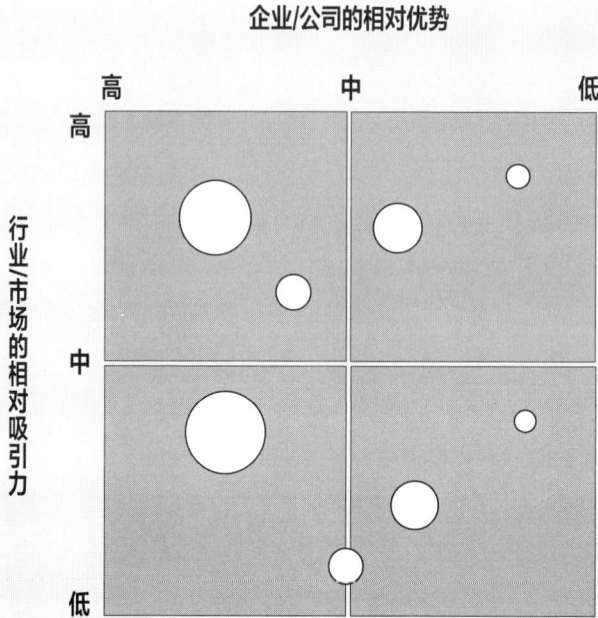

上面的矩阵和波士顿矩阵很像，竖轴表示行业或市场的相对吸引力，横轴表示企业或公司在这些市场中的相对优势，白圈代表销售额，圈的大小代表某个特定市场或细分市场销售额的高低。

该矩阵展示了如下信息：

- 根据行业或市场的吸引力而划分的市场；
- 企业或公司在每个市场中的相对优势；
- 由市场规模决定的市场重要性。

还有一种方法是根据市场规模画圆圈（如右图），其中的楔形代表了产品的销售额。

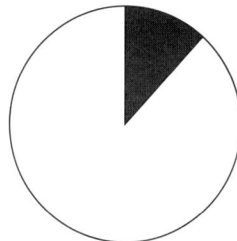

第五章小结

企业针对出售产品所采取的策略是决定其长期成功的最重要的因素。但是，持续的良好表现却取决于企业能否以动态的市场观念开发产品。企业必须意识到市场环境是随时间不断改变的，并且企业需要回应这种改变，一般以适合其产品和市场策略的规划的形式。

在小心控制成本和收入参数的情况下，产品为客户提供了他们想要的利益，企业以此创造收益。产品生命周期对于营销者来说是一个十分有用的工具，他们可以运用对特定市场的了解，来评估产品是在哪个阶段，并开发出合适的营销策略。

制定产品和市场策略时必须考虑到产品和市场组合，且这种组合应该使处于成长期、成熟期和衰退期的产品保持一种合适的平衡，同时考虑到对其最有吸引力的市场的优势和劣势。只有以平衡的方式创建产品或市场组合，企业才有坚实的基础去计划未来，尤其是新产品的开发。波士顿矩阵和麦克唐纳四格定向政策矩阵也是这方面的有用工具。

6

制定营销目标和战略

在这一章，我们将关注营销策划过程中的关键一步，这一步要用到关于产品、客户和营销审计的所有信息和步骤。它就是营销策划的第四步——制定营销目标和战略。

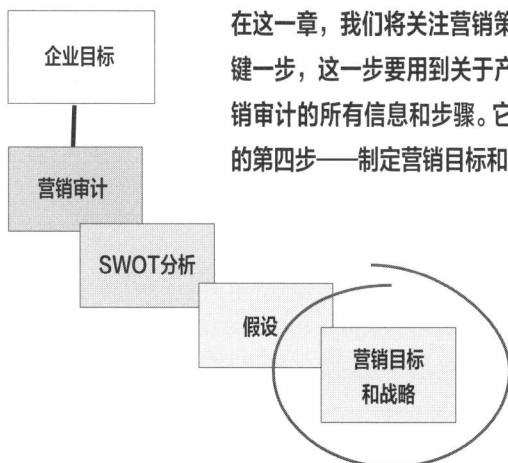

为了搞清楚这一步，我们将重新回到商业丛林中去，这里有一个部落正运营得很好。

那里的人们发现，如果收集一种叫"金子"的没用金属，就可以与易骗的游客交换很多有用的东西，比如背包或军用毛毯，而这种金属到处都是。

他们的领袖虽然年轻，但却很有远见。

事实上，这个部落之所以比丛林中的其他部落运营得好，是因为他们的领袖能看得更远，并且做出的决策比任何人都明智。

部落领袖用一个神秘的词来描述她做出的决策——企业目标。

虽然部落里没有人十分清楚这是什么，但是他们明白，她的智慧依靠他们的支持，反过来，他们也依靠她的决策来做出自己的决策。

领袖做的所有决策都会影响到每个人的决策，而且反过来，领袖的决策也是基于她对手下能力的了解上的。

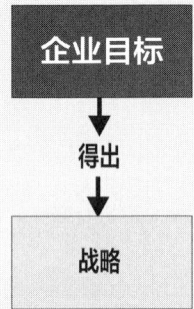

企业目标将明确企业在整体上想要达成什么，它常常是以财务数据表现出来的。有了明确的企业目标，企业自上而下各个部门都可以制定战略、达成各自的目标，这样企业将会有一个共同的目标。刚才谈到的部落行为就说明了这一点。

关于企业如何获得成功，如果人们各持己见，彼此互不沟通，各自朝不同的方向努力，结果将一事无成。

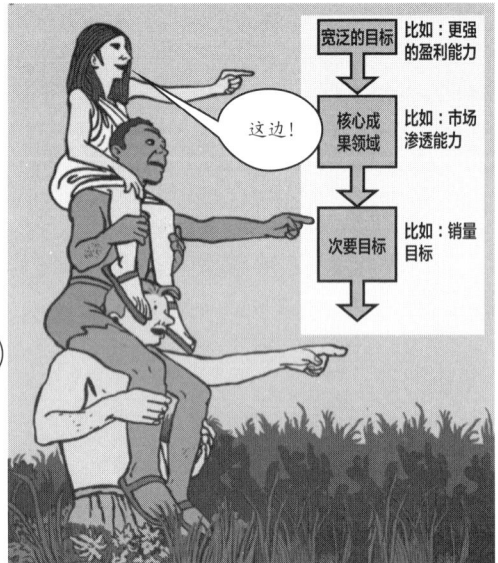

而那个聪明的部落意识到彼此合作所给予他们的力量，所以他们能够制订计划——从宽泛的目标到具体的目标。

如果企业各个层级所采取的决策没有考虑对其他层级的影响，可能只会收获短期的利益，并以失去长远利益为代价。

嘿！那里有一点儿！

当这个等级链条越到底端，底层目标就越需要以上层目标为基础。

目标

无论值不值得，
目标不能模糊不清，
必须通过三条标准加以评估。

我要开始一段更有意义的人生……从明天开始。

目标的特征

可测量的属性
指标
可达成点

可测量的属性就是对目标进行量化的方式，比如通过数值、重量或体积进行量化。汽车销量是以"辆"计算的，石油销量是以"升"计算的。指标是指在任何市场中可能达成的销量。可达成点是企业可以达成的销售额。

营销目标往往是以量化数据表示的。

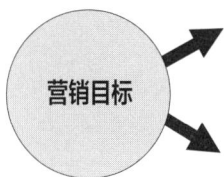

营销目标 → 绩效标准

营销目标 → 必须达成的条件

绩效标准和用销量计算的销售表现有关。这个属性是对盈利能力的测量。

必须达成的条件可以用市场份额或零售店渗透比率进行衡量。

我们如何制定营销目标？

	相对市场份额	
	高	低
高	明星	野猫
低	现金牛	瘦狗

市场增长率

举例		
增强竞争力 →	明星	野猫	← 选择性投资，或者从一个高风险或弱势的竞争地位中退出
维持竞争力 →	现金牛	瘦狗	← 收获或放弃竞争地位

↑ 退出

每个象限的每种产品，最合适的营销策略也不同。

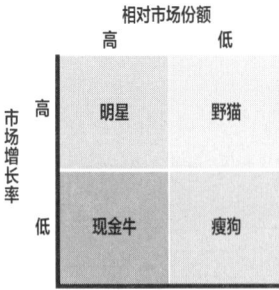

通过波士顿矩阵，我们把产品归于其中的一类或多类，这样它们的营销策略就会随之改变。

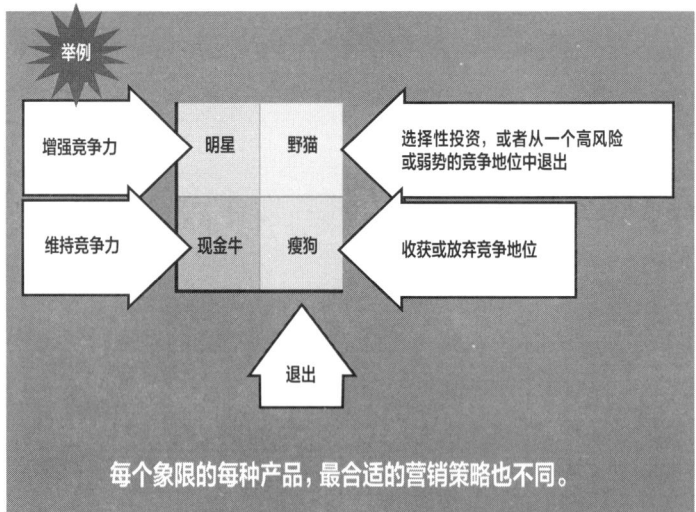

记住，营销只关乎两件事：产品和市场。

产品和市场的这种组合方式（见右图）被称为安索夫矩阵。

"新产品"意味着技术创新，"新市场"意味着不同的市场。要知道，在这个矩阵中的任何组合的营销策略都是不一样的。

市场

现有市场的现有产品	现有市场的新产品
新市场的现有产品	新市场的新产品

产品

市场

? → 现有市场的现有产品	现有市场的新产品 ← ?
? → 新市场的现有产品	新市场的新产品 ← ?

产品

安索夫矩阵的每个象限内，产品的营销目标对于不同的企业都是不同的，因为每个企业会有自己的优势和劣势，并且会面临来自外在环境的不同威胁和机会。这个表格只是一个简化的市场，市场永远不会像这个表格那样简单和清晰。

每种产品都有一定的技术"新颖"程度，每个市场都会有许多熟悉的或不熟悉的情况。不管是产品还是市场，不熟悉度都与大胆开发新产品或新市场的企业的风险程度相关。

但是，随着产品度过其生命周期，随着市场的扩张或缩减，企业在追求销售额和利润时将不得不面对风险更高的情况。

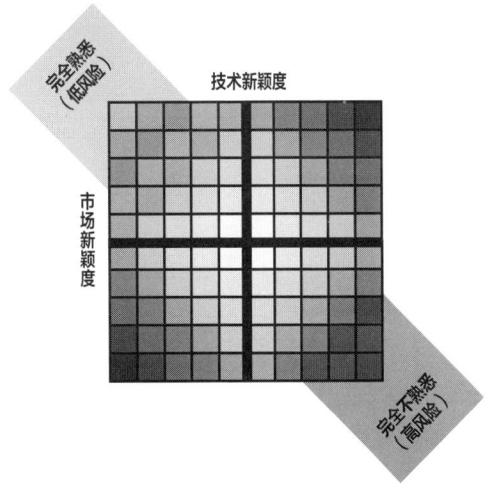

SWOT分析作为营销策划的第三步，其研究对象是企业的优势、劣势，以及企业感兴趣的市场所带来的威胁和机会。SWOT分析的基础是营销审计，SWOT分析为每个细分市场及总体市场的营销目标和战略提供依据。

企业的发展应尽可能地利用自己的优势，并尽其所能利用外部机会。如果不这样做，无论企业开发了什么新技术，从长远来看都可能无法获得成功。

制定营销目标和战略的首要任务是制定营销目标。正如我们所见，营销目标的制定取决于现有产品/新产品和现有市场/新市场的关系。因为这些目标必须是可测量的，我们必须确定标准以评估是否达到了营销目标。然后，还要通过SWOT分析来明确商业环境中的机会及威胁。由此，营销计划就准备好了。

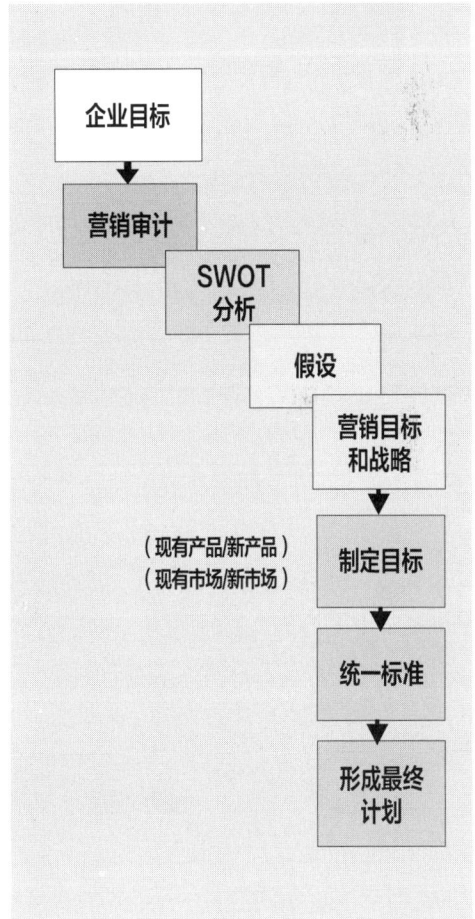

如果目标指的是"我们想要什么"，那么战略就是"我们如何得到它"。然而，战略计划中的战略并不关注细节，不需要描述详细的行动过程。它包括三个要素：

· **方法**
· **时间表**
· **资源**

营销战略只需要宽泛地定义实施营销计划的方法、项目进度的时间安排，以及在必须采取某些行动时需要的资源。

营销战略就像军事行动，关注的是特定目标（或市场）的总体，并且营销组合的四个元素也是营销计划的组成部分，且在每个市场上都不一样。

至此，我们已经看到了企业目标、营销审计、SWOT分析和假设的完美配合，这样营销目标也可以很容易确定。但是下面这种情况又如何呢？

销售主管做了一个预测……　　　　……却发现并不够好。

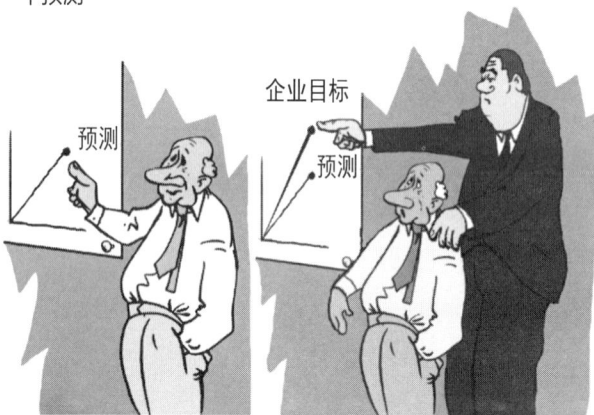

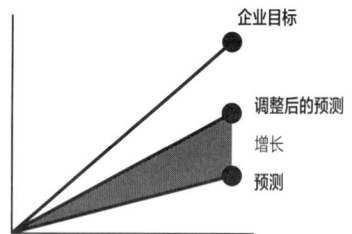

这个差距一部分可通过调整预测来弥补，这主要依靠增长，比如提高生产力或增强市场渗透力。其他途径可以包括降低成本、提高价格、改良营销组合、计划获得更大的市场份额，等等。但是，剩余的差额呢？

如果企业目标很高，而销售预测与它存在一定的差距，该怎么办呢？

你可能不得不考虑为现有市场开发新产品，或为现有产品开发新市场，又或者两者都做。

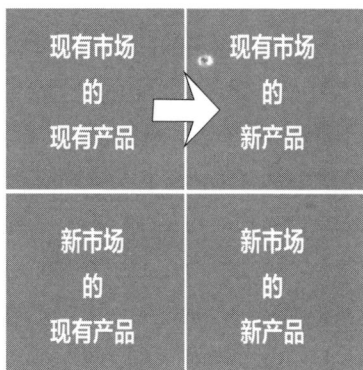

现有市场的现有产品	现有市场的新产品
新市场的现有产品	新市场的新产品

市场

产品

在这种情况下，水平移动产品线是有利的，因为在新市场建立声望要花好几年时间，并且企业在一个市场建立的声望不是那么容易就会转变到另一个市场的。营销审计应保证与企业的优势一致，比如开发新产品就应该体现出这种一致性。

现有的销售团队可以通过现有的渠道出售新产品。

但是，如果生产瓷器胶水的公司已经用过这招了呢？

向使用其胶水的人们出售瓷杯和瓷盘，会给生产、销售和技术开发带来启示。然而，产品拓展只是其中一个补足差额的方式。

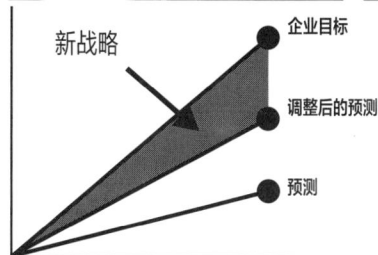

产品拓展是一个新的营销战略，企业还可以进行市场拓展或多元化经营，但是这些拓展方法和新战略还会有各自的问题。

如果企业选择提高生产力来促进销售增长，那么所采用的方式必须现实。减少营销成本的决定在某些市场或某些产品上可能无法实现。此外，针对现有产品和市场来提高市场渗透力也有可能获得成功，因为这样做的成本和风险是最低的。

就像我们前面看到的，新产品进入新市场是所有决策中风险最高的，因为在实施新战略或尝试拓展现有市场或产品系列时会遇到很多问题。

营销目标和战略是紧密联系的，要牢记它们必须与企业的总体目标相关联。

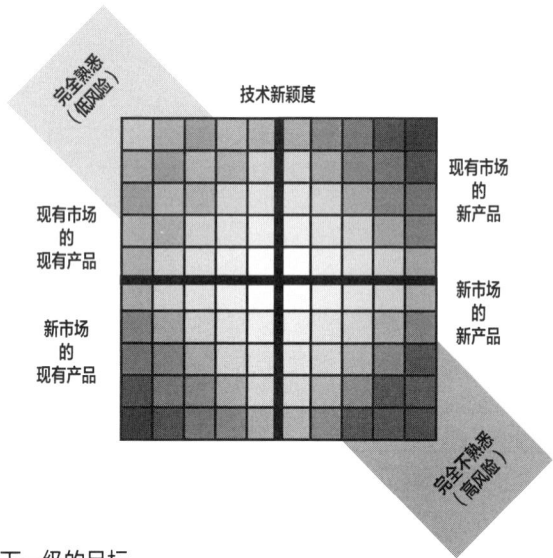

完全熟悉（低风险）

技术新颖度

现有市场的现有产品

现有市场的新产品

新市场的新产品

新市场的现有产品

完全不熟悉（高风险）

从企业目标得出企业战略，再从企业战略得出下一级的目标。

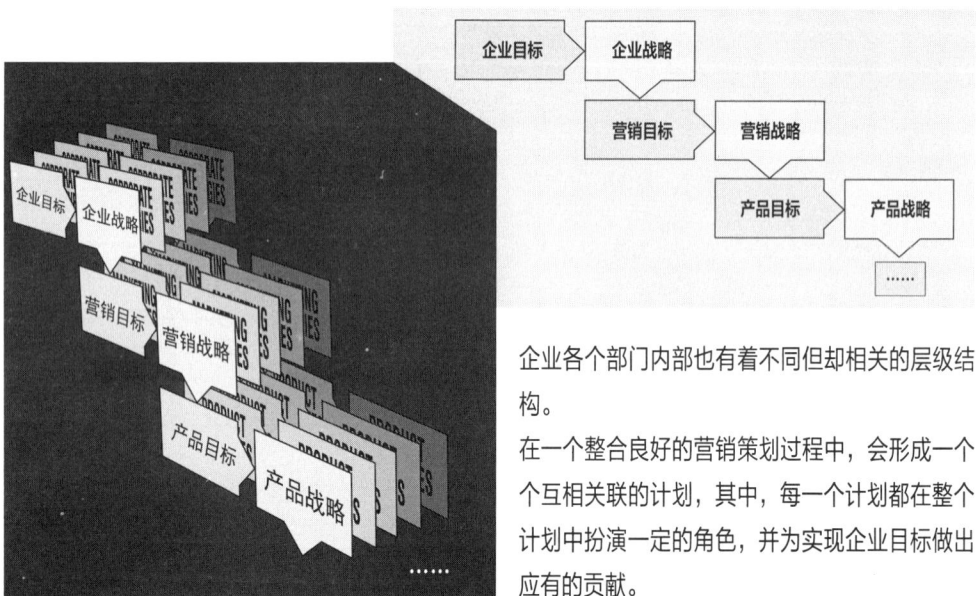

企业目标 → 企业战略

营销目标 → 营销战略

产品目标 → 产品战略

······

企业各个部门内部也有着不同但却相关的层级结构。

在一个整合良好的营销策划过程中，会形成一个个互相关联的计划，其中，每一个计划都在整个计划中扮演一定的角色，并为实现企业目标做出应有的贡献。

第六章小结

制定营销目标和战略以达成企业目标，毋庸置疑是营销策划过程中的关键一步。

企业目标往往关注企业长期盈利的衡量标准，比如投资回报率、税前收益、每股盈利等。用来达成这些目标的战略有很多，比如：是生产还是购买、是直销还是寻求外部分销商、如何管理现金流、如何确定劳动力的规模和特征、应该提供什么样的产品，以及在哪个市场进行贸易，等等。

对于营销目标，企业要关注下面的一项或多项：现有市场的现有产品、现有市场的新产品、新市场的现有产品，以及新市场的新产品。其中，最后一项是最具风险的，因为它使企业远离其独特的竞争力。所有的营销目标必须是可测量的，具体可以销量、价值、市场份额、零售店渗透率和盈利等为标准进行测量。

我们可以把营销战略比作军事行动，因为它关注的是达成目标的整体方式。营销组合的四个元素——产品、价格、促销和渠道，是营销计划的重要组成部分。市场不同，营销组合也不同。

7

沟通计划（一）:
广告和促销方案

阅读本书

能够提升

你对企业的价值,

也就是说,

你可以要求加薪。

需要为营销组合的四个元素准备详细运营计划的经理，对第七章到第十章的内容会尤为感兴趣。不过，了解这些细节对负责制订战略性营销计划的所有经理都很有用，因为计划中的营销战略从整体上概括了这里所提供的所有细节。我们没有设定专门的章节详述产品管理，因为有关内容在第五章已经提到过了。

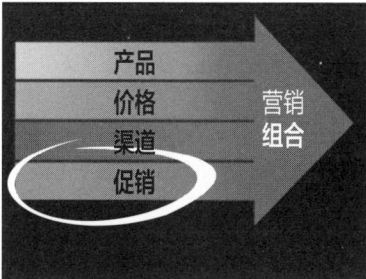

营销目标 ➡ 营销战略

在之前的章节中，我们知道首先要制定营销目标，然后通过这些营销目标，我们可以制定出合适的营销战略以达到营销目标。

做什么 ➡ 如何做

用更直白的话说，"如何做"与营销组合有关，要通过营销组合的四个元素来完成。

产品
价格
渠道
促销

营销组合

在本章和下一章，我们会关注"促销"这个元素，有关企业与客户的沟通。

企业与客户的沟通方式多种多样，主要以两种方式为主，即人员沟通和非人员沟通。

现在买更省钱！

快来买吧

非人员沟通包括广告、销售点的展示、促销、公关等。

人员沟通是直接面对面的交流，比如销售人员与客户的面对面交流。

在本章，我们将讨论非人员沟通；在下一章，我们会谈到人员沟通。

企业首先要做的事就是决定沟通方式，换句话说，就是人员沟通和非人员沟通的划分。
该如何决定呢？假设我们想向某糖果公司——美味公司出售资本货物。

美味公司拥有大概300名员工，但是我们不必与每个人沟通。另外，我们也不该以为凭借一己之力就能做到这一点。针对这种规模的企业，我们只要说服五个人就足够了，并且要用不同的论据说服他们。

选择产品时，有些人比较乐于与销售代表沟通，而另一些人更容易受贸易和技术刊物的影响。

我们面对的这家公司，其决策团队中的每一个人都有不同的思考方式。因为看待公司的视角不同，所以见解也不同。

假设美味公司想要购买一个新的太妃糖包装机。在购买前，公司会做些什么呢？

首先，它会意识到必须找一个专业的太妃糖包装机供货商。

它还需要确定所需包装机的特征和质量，换句话说，就是确定解决问题所需的技术参数。

然后对可能的供货商做一些调查，包括提供特定组件或者设备成品的供货商。

接下来，许多供货商开始投标，最终只有一个入选。然后美味公司开始下订单。

最后，新设备送达。在这个案例中，整个过程涉及很多新情况，并有大量的人员参与了决策过程。

生产经理 财务主管 设计师 管理层

所以，为了售出糖果包装机的供货商或者销售代表必须在很长一段时间内满足一大群人的要求，解答各种各样的问题，并与持有不同意见的人达成协议。

因为不可能由一个销售人员完成所有任务，那么就需要非人员沟通，即间接沟通。

好的！

快来买
美味牌
太妃糖

广告并不像很多人认为的那样简单。广告和
销售额之间并没有直接的关系，产品质量、价
格、服务水平等因素对销售增长才是至关重
要的。

然而，如果我们要登广告，我们就应该知道我
们想要获得什么效果，并预先设定目标。

广告与销售额之间看似一种简单的因果关系。而事实上，情况要复杂得多，就像下面的例子一样。

广告可以让产品获得认知度，即让人们知道产品的存在。

那是
什么？

美味牌

广告可以增加人们对产品的理解度和对产品用途的信任度。

广告让人们开始信赖该产品，并认为它与众不同且独具格调。

最后，人们付诸行动，决定购买该产品。

广告目标必须是可测量的。

广告目标必须是可达成的，比如说……

做不相关的声明并没有什么好处。

所以，在设定广告目标时，第一件要做的事就是决定有哪些合理的目标。

对产品做虚假宣传没有一点好处。

> 在18个月内，64%的人都会知道美味牌！

这是一个可观的广告目标，但前提是这个目标仅通过广告就能达成。

> 我完全同意！

广告目标不仅与客户的认知度和产品信息相关，还涉及改变态度、创造需求、给予保证，等等。设定广告目标是企业的事情，而这些目标也会受到目标受众的身份、细分市场的特性、市场份额、预算、时间等其他因素的影响……

……比如说受产品处于哪段生命周期的影响。

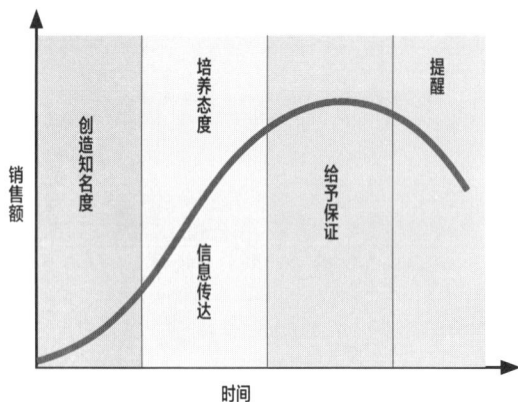

在接受新事物或者新理念时，并不是每个人都能做好准备。就广告而言，针对那些总是渴望尝试新事物的人与那些比较保守的人，所使用的方式也是截然不同的。

例如，广告目标可能会在产品的生命周期中发生如上图这样的改变。此外还有一个因素会对广告目标产生深远的影响，即创新扩散。

我们把第一批接受新产品的人称为创新者，他们只占最终市场的一小部分。

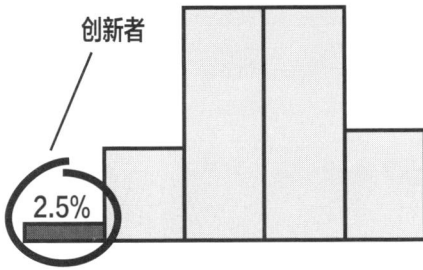

创新者

2.5%

当产品或服务被首次推出时，常常由喜欢新事物的创新者所购买，而以往的经验显示，这些人只占市场的2.5%。但是，随着产品越来越知名，购买的人也会越来越多。

不同时期潜在接受者的百分比

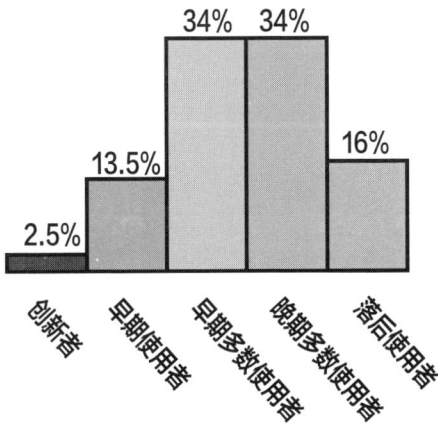

34%　34%

13.5%　　16%

2.5%

创新者　早期使用者　早期多数使用者　晚期多数使用者　落后使用者

拥有较高社会地位的人会早早接受该产品，以使自己受到认可和赞赏，他们是早期使用者。然后，早期多数使用者开始购买——这是一些比较保守的客户。之后是持怀疑态度的晚期多数使用者，最后是一些比较落后的使用者。这些落后使用者的低收入和较低社会地位决定了他们是跟随者而非领导者。因此，对于不同的客户群体，需要投放不同种类的广告，而这再一次表明，针对产品生命周期的不同阶段，需要设定不同的广告目标。

根据不同客户群体的特征刊登广告。

那个时候的我真帅！

新品上市!
美味太妃糖
少数知情人士之选
酷!

当然了，亲爱的!

赶在别人之前
品尝美味太妃糖

最开始，广告的目标客户也许是创新者。一旦销售额超过3%，目标客户也就变为早期多数使用者。

当市场上10%~20%的客户都在买该产品时，广告策略也应从推出新品转变为介绍一种大家广为接受的产品。

广告影响的是人，而不仅仅是消费者。广告可以面向供货商、分销渠道、股东、雇员、政府……任何可以让产品成功的人。

在决定了我们想要说什么以及我们想要说给谁听后，广告策略、投放时间和成本也都可以确定了。这个策略可能包括使用的广告媒体、风格、频率，等等。

很多人认为促销仅仅是广告的另一个名字，其实并非如此。

利益与特点

很有嚼头!

美味太妃糖
假日大赛
截止日期：7月
31日

广告一般用来描述产品的某个特征，或解释产品能带来的某个利益；而促销则是在特定的一段时间内提供一种特征，并且常常针对特定的群体。换句话说，作为一次合格的促销，策划者必须提供一些有特点的宣传内容，而不仅仅是交易。

促销必须提供产品或服务本身不具备的利益，而广告提供的是无形利益，比如通过图像的魅力增加产品价值。

那么，企业应该如何做促销呢？

促销是一种很有用的销售方式，可以使客户提前决定购买。下图案例中，促销试图平衡需求的高峰期和低谷期，可以帮助生产商解决分销问题，而非销售问题。

其他促销活动包括鼓励重复购买、抵制竞争对手、吸引边缘买家、及早获得销售款等。

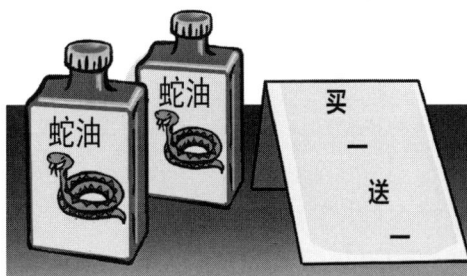

毛衣
八折优惠

买车送电脑!
1月1日前有效

蛇油
蛇油

买
一
送
一

促销有很多方式。"买一送一"这种提供额外产品的方式与直接降价有细微差别——提供额外产品是在鼓励客户囤积产品，从而提高客户的品牌忠诚度。但是，这对喜欢现买现用的顾客可能就无法起到作用了。所以，促销方式必须小心选择，而且必须关注针对的客户类型。

买面包送50个积分

请使用会员卡

CARD

FORGET YOUR CARD

快来买！

GUMF

拿走东西还挣钱！

有些促销形式已经成为企业的永久特征（就像超市的会员卡）。但是，大体上说，大部分企业认为促销只是间隔使用的战术手段，得到的是间歇性的效果。这与广告的理念相悖——广告是一种长期的战略，并随产品生命周期的变化而变化。但是，有些企业已经成功地将长期的促销活动融入了广告战略（虽然很难，但并不是不可能）。正是因为很难，制订促销计划时，企业必须小心为妙。

很明显，促销计划的预算应该保证计划成功实施的同时企业不会赔钱。所以，关于促销一个至关重要的步骤就是设定促销目标，就像设定广告目标或分销目标一样。每次促销也许会有不同的目标，比如测试市场、形成购买高峰、抵制竞争，等等。

然后，企业必须制定实施该目标的具体策略。企业可以先选择合适的促销方式并预先测试效果，然后开展促销活动并进行深度评价。此外，企业必须对花费进行分析和归类（比如用在特殊的包装、销售点的布置或降价上，等等）。

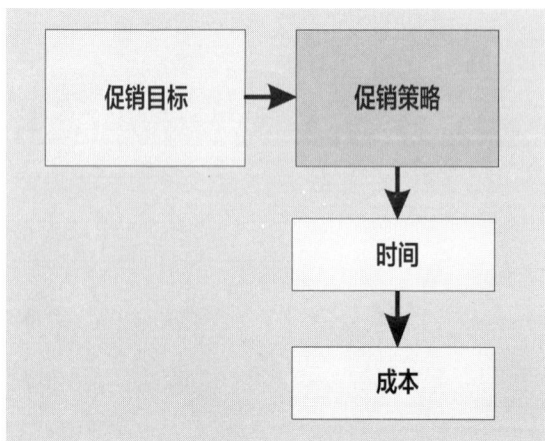

在制订促销计划时，策划者经历的过程与我们熟悉的设定促销目标的过程一样，而促销目标又取决于营销目标，后者可能包括存货控制、分销、客户购买模式管理，等等。促销策略也是如此，要先选择合适的技术和媒体，然后必须小心翼翼地控制好时间和成本。

第七章小结

与客户沟通可以通过人员沟通或非人员沟通两种方式进行。销售代表打电话给顾客是人员沟通的一个明显例子，大规模的广告活动是非人员沟通的典型例子，而两者组合在一起就是我们通常所说的沟通组合。

谈到广告，在设计有说服力的卖点时，理解一个特定的购买决策是如何完成的至关重要。企业可以通过潜在客户经历的一系列步骤分析说服过程，包括最初的认知度、兴趣、态度形成，以及做出购买决定。如果企业提供的产品与客户的需求完全吻合，客户一般就会听从劝说，更愿意接受我们的产品。这往往要通过为产品设定独特的心理卖点（通过品牌效应）、合适的定价，以及提供方便的购买渠道来完成。

管理者还要以各种促销方式对产品进行战略支持。促销时必须关注目标、测试和评价，就像广告一样。企业必须为每次促销设定成本有效率，并与整体的营销计划相整合。

8

沟通计划（二）：
销售方案

记住，对于客户来说，销售代表就是企业！

本章我们将谈到沟通计划的第二部分——人员沟通。它有多重要呢？一个企业需要多少销售人员？他们应该做什么？人员沟通应该如何运作？

销售人员大多数工作在商业活动中心。在营销管理中，销售管理始终处于一个被忽视的地位，这实在令人感到惊讶。

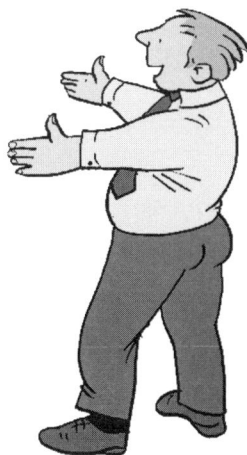

企业优先考虑的往往是与企业其他方面相关的事情，而且营销主管或产品主管基本没做过销售人员……

损益表

……所以他们不了解销售人员在营销组合中的地位，并低估了高效的销售技术的重要性。而且，销售人员自己也是如此。

小心客户

销售人员认为自己处于风口浪尖上，他们直面客户，没有总部、工厂、各种图表和理论等堡垒来藏身。

其实，这些想法都是误解……

……因为在销售人员开工之前，绝大部分营销策划肯定已经完成了……

……所以销售人员进入市场时，他们成功卖出产品的概率很高。

并且，在我们意识到存在细分市场和产品组合后（这两个营销策划的概念对销售人员既实用又有益），理论和实践的偏差也会缩小。

变化的问题

新客户和新市场需要不同的产品、价格、服务水平、渠道、广告，以及不同的销售方式。

换句话说，面对新客户和新市场，我们需要一个不同的营销计划和销售方案，且那些处于"风口浪尖"上的销售人员无法凭借自己的力量预先制订这些计划。这也正是一个条理清晰的营销计划该登场的时候了。销售人员可能在与客户建立良好关系方面很有优势……

……但是，如果没有良好的营销计划的支持，他们很难了解哪些产品或哪些客户是最有价值并需要关注的，也很难知道如何正确介绍产品、如何保障销售以及如何有效地完成销售。并且，他们的销售目标也不一定与企业的营销目标一致。

销售

营销

而更糟糕的可能是，营销策划者往往没有意识到这一点。企业的销售和营销往往是分开的，从两者的预算就可以看出来。

在大多数企业，销售团队的花费超过广告和促销之和并不奇怪，因为企业更大程度上依靠的是人员销售。

配偶的生活

例如，保险公司需要与客户讨论个人保单的细节，最有效的方式往往是人员沟通。人员沟通是营销组合中一个重要且昂贵的元素，必须像其他元素一样用心策划。

那么我们如何实施人员沟通呢？

首先，卖方公司必须明确买方公司做出购买决策的重要人物。之后，卖方公司必须努力知道决策者在不同阶段需要了解什么，以及这个客户是第一次购买还是回头客。然后卖方公司才有可能决定人员沟通（以及广告、促销等）会在其中扮演什么样的角色。

人员沟通的优势

问点儿别的。

根据您的特殊情况……

很高兴您问了这个问题……

首先，这是一个双向的沟通方式。购买者会针对产品或服务提出问题。

其次，销售人员可以根据情况灵活应变，以满足特定客户的特殊需求。

再次，销售人员可以利用他自己对产品的了解，将产品利益与客户的潜在需求关联起来。

再看看这个怎么样？

太棒了！

再买台校对机吧？

签完合同后，销售任务就变成了强化任务，销售人员要强调购买者的智慧并鼓励客户考虑产品系列中的其他产品。

销售人员可以提议订购其他产品，并与客户协商价格、运输或其他特殊要求。

对于客户来说，销售代表就是企业的化身。

人员沟通是营销计划的重要成分，其价值根据市场的不同而不同，但是必须始终存在。营销策划者必须仔细考虑销售人员在营销计划中的角色。

但是，一个企业需要多少销售人员呢？无论多少，他们都不会在同一时间完成同样的任务。

还有一些更便宜的方式可以帮助销售人员完成琐碎的工作。

请让我解释……

销售人员可以通过电话或网络进行销售或收账。问题是，你的销售人员是否充分利用了他们的宝贵时间？

全部付清

你是否拥有过多的销售人员？

50%	24%	6%	20%
出差	打电话	销售	管理

这是一家大公司的销售团队的工作量。公司发现，销售代表有一半的时间在出差，有24%的时间在打电话，而实实在在做销售的时间只有6%，剩下20%的时间还要完成管理工作。这个公司可以通过更好的计划来增加实际销售的时间，并提高销售业绩。

销售人员的销售目标既是定量的也是定性的。

定量目标测量数量

销售额

有些明显的销售目标，比如"卖了多少产品"、"卖了哪种产品"和"在哪些市场销售"等是定量目标。其他定量目标可能包括销售点的统计数据以及发出信件、拨打电话和撰写报告的数量，等等。

定性目标测量技术

定性目标包括销售人员将产品的知识运用到工作中的技术、他们如何计划工作，以及如何在销售中应对反对意见等。

测量定量目标很简单，而对于定性目标来说就没那么容易了。
定性目标是与绩效水平相关联的，比如是否能够带来更高的效益，并且测量
结果可以为企业利润和销售团队的薪水提供参考。

如何管理销售团队和增加他们的积极性？

给绩效好的销售人员予以奖励是一种好办法。

奖励超额完成绩效的人员会吸引并留住优秀的销售人员，并且可以保持企业的竞争力和创新精神。

最好

更好

好

一般

但是，对销售人员来说，最有意义的奖励还是让他们感受到自己正在一家有名望的企业做一份有价值的工作。如何激励销售团队是一个非常复杂的话题。

年度最佳　销售人员

2
1
3

对于一个长期待在舒适的办公室中的销售经理来说，仅有斗志是不够的，计划才更现实。

消灭他们！

企业要根据营销计划制订销售计划。只有协调营销计划与销售计划，企业目标才能更接近客户的需求。

销售战略从销售策略演化而来，包括个人销售目标、路线策划、如何获取新客户，等等。

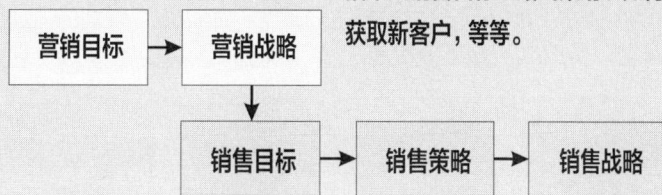

营销目标 → 营销战略
↓
销售目标 → 销售策略 → 销售战略

销售目标和策略是营销目标和战略的产物。

第八章小结

销售团队管理和人员沟通往往会受到企业的忽视，但是人员沟通却是营销策划过程中必不可少的一部分，必须像其他营销要素一样小心管理。

人员沟通可以看作沟通组合中最有用的组成成分。人员沟通在沟通组合中扮演什么角色，该决定只能在彻底了解市场中的购买过程的情况下做出。对购买决策进行研究有助于协调客户所需的信息和企业提供的信息。

尤其在企业对企业的营销中，人员沟通比其他营销沟通方式有更多的优势，且这些优势应当明智地加以利用。如果想要销售团队高效运作，有三个基本问题需要妥善解决。

第一个问题是所需销售人员的数量。企业首先应该建立一个目前工作的模式，然后考虑销售团队完成任务的可选方式，接下来分析每个销售人员的工作量，并根据地域和时间确定工作的最佳分配方式。

第二个问题是销售人员的销售目标。销售目标可以是定量的或定性的。定量目标主要关注销售人员卖什么、卖给谁、以什么成本卖和卖多少；定性目标则与销售人员的工作业绩相关。

第三个问题是销售团队的整体管理。其中，支持型管理模式要优于压迫型管理模式。

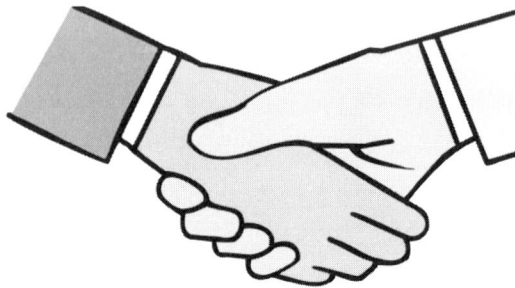

9

定价计划

如果你一定要问价格的话，那你是买不起的。

在商业领域，没有人会质疑给产品定价的必要性，但奇怪的是，很少有企业认为值得为定价制订计划。

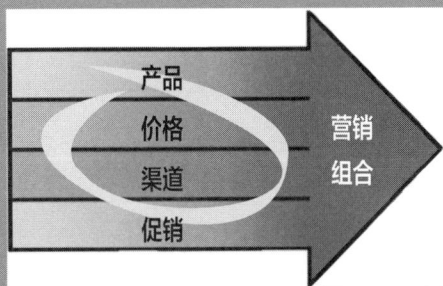

事实上，价格只是营销组合四个重要元素中的一个，却很少在营销计划中出现。原因是，其他元素可以被分别测量，但价格是产品的必要组成部分。不过，就像我们将看到的，定价很复杂，企业有必要单独考虑（就像其他元素一样），尽管它与营销计划中所有其他环节均相关。

关于定价，有一个根深蒂固的问题……

把握当下！   放眼未来！   提升价格！盈利！   市场份额！

一般来说，会计和营销经理对定价会抱有不同的态度。营销经理有时并不考虑营销决策带来的短期财务后果，而相信市场份额会带来长期的市场掌控。

另一方面，会计有时并不理解营销中那些有关人性的复杂决策，他们只相信贸易的盈利能力，他们认为要根据预设的成本和利润制定价格。

提高价格!

降低价格!

自负的家伙!

无法想象的傻子!

但是，营销经理知道，只有在一定的价格下才会有需求，高于那个价格则没有人愿意购买。所以定价是影响产品能否成功销售的一个重要因素。

会计和营销经理有时会产生根本性分歧，而如果他们明白对方的观点，就会形成强大的团队。即便如此，哪怕企业氛围非常和谐，定价问题仍很复杂。

以某摩托车制造商为例。

某摩托车制造商有三种车型，管理层认为它们是彼此独立的，针对的是不同的细分市场。当其中的一种产品，比如车型A不盈利时，大家就认为它是失败的产品，也不会追加投资，因为更多的投资反而会使盈利更少。

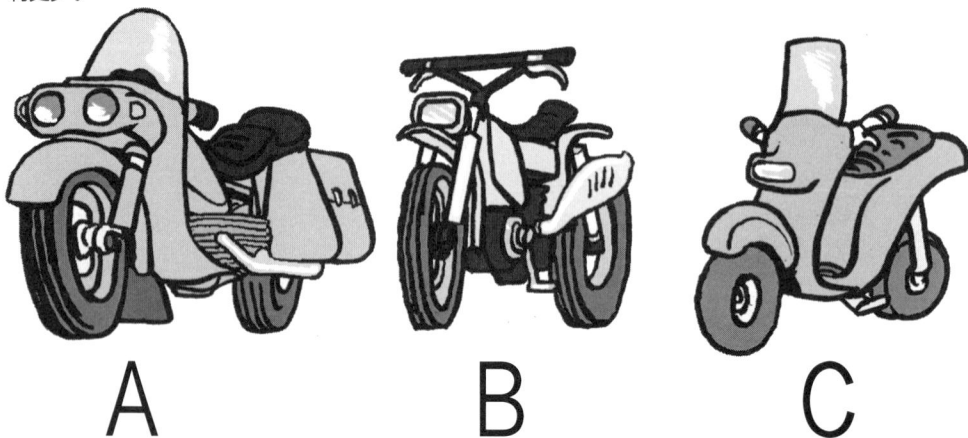

A   B   C

导致这个僵局的原因之一就是企业的会计系统，因为该系统是依据当前的生产和分销数据进行核算的，并且禁止发生改变。

这时企业唯一可走的路就是提高价格，但结果是销量更低，最终不得不撤销这个车型。这其中的问题在于所有的假设都只基于当前的状况，而不是根据一个有计划的发展之路。这就是很多企业倒下的原因。

然而，有些企业却更愿意努力增加市场份额，并且为了长期成功而降低价格。

不过，这种策略并不是在任何情况下都适用的。

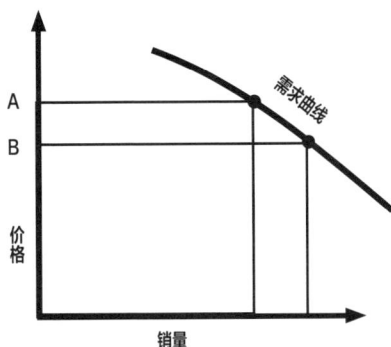

假设有这样一个市场，其需求曲线如上图所示。有两个公司——A和B，用相似的产品在这个市场上竞争。A卖的价格比B高，B的销量比A多。那么，谁的收入更高呢？

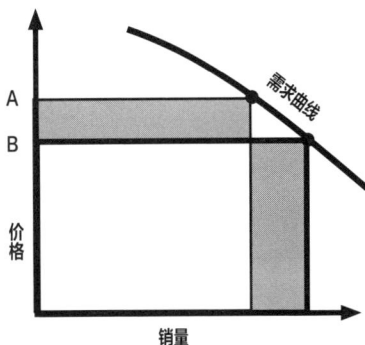

要想知道谁的收入更高，只需比较两个阴影面积的大小。可以看出，需求曲线越平缓（见上图），市场对价格越敏感，对B就越有利。

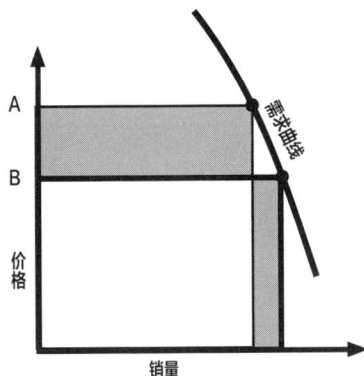

如果需求曲线越陡（见左图），市场对价格越敏感，对A就越有利。因为陡峭的需求曲线意味着B的销量增长无法弥补其低廉的价格。所以，需求曲线的形状对定价有深远影响，而且这个形状是会改变的。

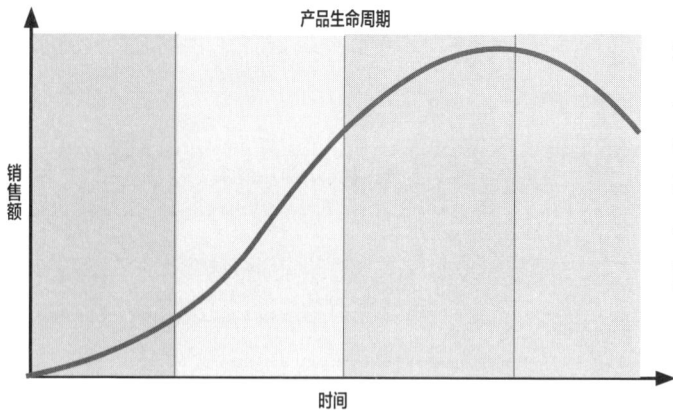

产品生命周期

销售额

时间

还记得产品生命周期吧，我们从中知道，各个阶段的价格敏感度是不同的。尤其对于那些不是只有一种产品的企业，定价与产品生命周期的关系就更重要了。

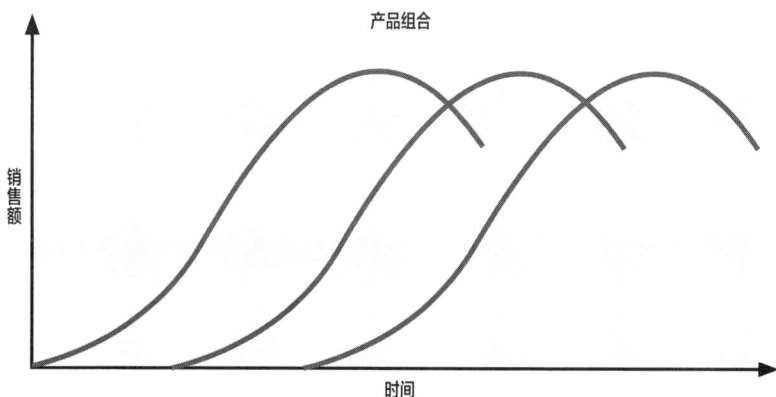

产品组合

销售额

时间

企业必须为整个产品组合制定一个定价策略，其重要性我们在波士顿矩阵中已经解释过了。

一个成功的产品在其生命周期中会从野猫产品进化至明星产品，并最终成为现金牛产品。在这个过程中，产品的盈利能力不断提升。

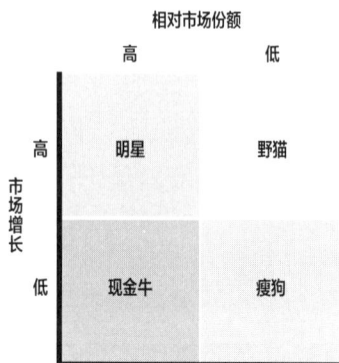

相对市场份额

高　　　低

市场增长

高

低

明星	野猫
现金牛	瘦狗

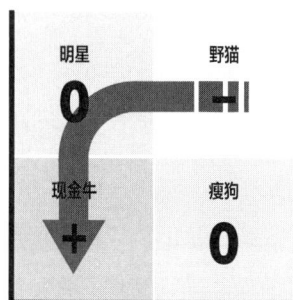

明星　　　野猫

0　　　HI

现金牛　　瘦狗

+　　　0

一个产品可以从无法偿还投资转变为可以偿还，这可能要花几年的时间。今天的现金牛产品为今天的野猫产品提供资金，而野猫产品最终会变成现金牛产品。这个过程是不断重复的。

因此，不要单独为一个产品定价。

把握当下…… *……并且放眼未来！*

每个产品的营销目标都是不同的，可能是短期盈利，也可能是提高市场份额。

定价计划必须考虑到每个产品在企业战略中所扮演的角色。

产品的"新颖度"对定价有一定的影响。

我要飞镖！

飞镖

给我！

当一个新产品正处于生命周期的高增长阶段时，价格并不是客户主要考虑的问题，因为需求很强！

但是，其他商家会等待市场开发好后，迟一点进入市场，并以较低的价格提供一种有竞争力的产品。

给我！

奇镖

我想要奇镖！

现在，让我们看看影响定价的另外一个因素。

价格是产品价值最明显的标志之一。一件价值很明显的物品，如果价格过低，会遭人怀疑。

所以在很多行业，比如奢侈品行业，价格就是质量的标志。我们把弄清楚这个关系的过程称为产品定位。

但是，如果两种产品都不是奢侈品，没有明显的区别，用途也一样，那么便宜的产品将会卖得更好，尤其是在成熟市场。在这种情况下，营销组合中的其他元素必须用于获取消费者偏好。

例如，一个蛇油生产商使用一种昼夜不停的分销系统，以及吸引人的广告词，使其与竞争对手的产品区分开来。

努力建立品牌忠诚度，并且投放广告和做促销，是区分模糊相似产品的一种方式。这些都是用来应对竞争的方式。

此外，某些企业开发并推出新产品时，为了收回昂贵的投资成本，会给产品定很高的价格。但是这么做却为那些想要进入这个市场的其他人设置了一个价格上限。

那些较晚进入市场的竞争者也许会以更低的价格推出类似的产品，并获得较大的市场份额。如果阿尔法公司推出的新产品价格不高，就会继续保持主动性，占据更大的市场份额，并快速获取使新产品盈利的经验。而潜在竞争者若想进入这个市场，必须三思而行。

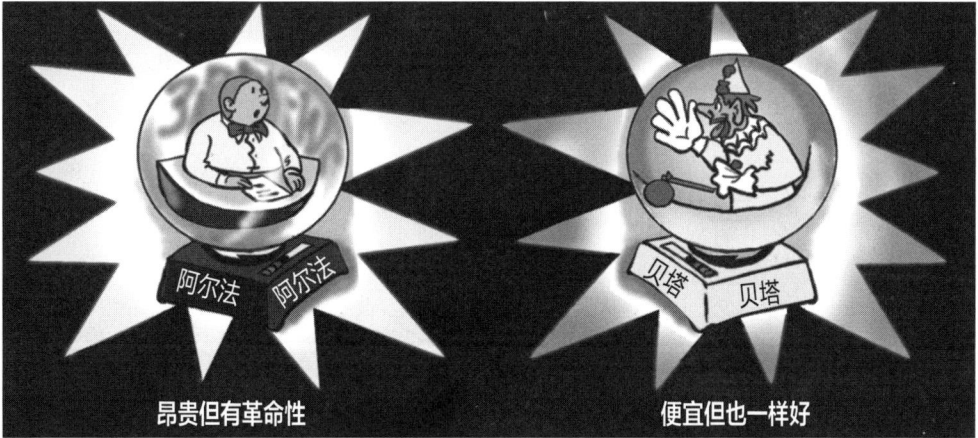

昂贵但有革命性　　　　　　　　　便宜但也一样好

成本：定价计划中的另外一个要素

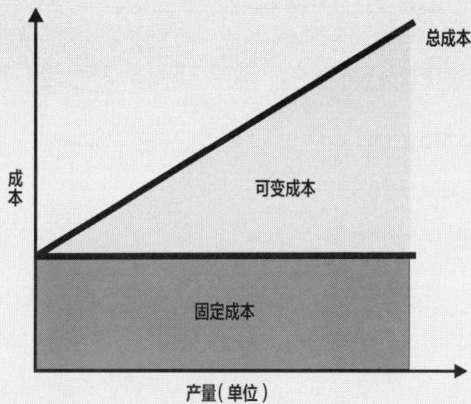

很多企业将成本与价格这样联系起来：首先计算固定成本，比如日常费用和员工薪水，然后加上可变成本。可变成本会随产量上升而增长。

成本、利润和收入的关系可以通过收支平衡表来表示。固定成本与可变成本的比率对决定收支平衡点非常重要，正如下面两图所示。

低固定成本/低利润率

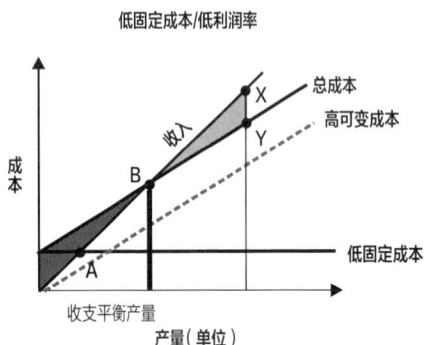

- 成本
- 总成本
- 高可变成本
- 收入
- B
- X
- Y
- 低固定成本
- A
- 收支平衡产量
- 产量（单位）

高固定成本/高利润率

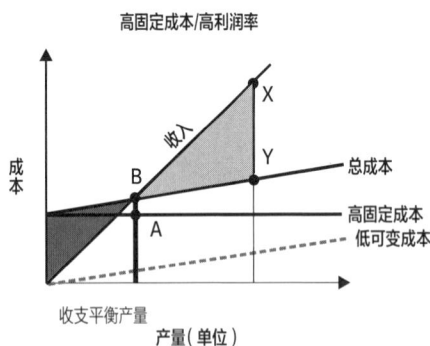

- 成本
- 收入
- X
- B
- Y
- 总成本
- A
- 高固定成本
- 低可变成本
- 收支平衡产量
- 产量（单位）

- 亏损区域
- 盈利区域

确定一定产量的收入目标将决定每单位产品的价格。收入线与固定成本线在A点交汇，此点上收入刚好等于固定成本。当产量增长时（收入也同时增长），收入线在B点穿过可变成本线，这时收入等于可变成本及固定成本之和。高于B点，产品开始盈利。X代表目标收入。

线段XY代表利润率。销售收入也许主要取决于产品价格。以过低的价格出售产品，会使收入线过于平缓，进而导致利润率XY更小，或者干脆消失。这两张图还展示了以过高或过低的价格出售产品的风险。在过高的价格下，销量可能会低到甚至不能满足固定成本。在过低的价格下，无论销量多少，收入可能永远都无法满足可变成本。

可变成本在这里是一条直线，它随着产量增长而增长。事实上，随着经验的增加，生产单位产品的成本一般来说会不断下降。这是因为"经验效应"的存在，即随着企业不断积累营销和生产经验，并不断改善生产和分销过程，会变得更加高效，成本与累计产量的比率会不断下降。在低固定成本下，可变成本一般会很高，反之也是如此。

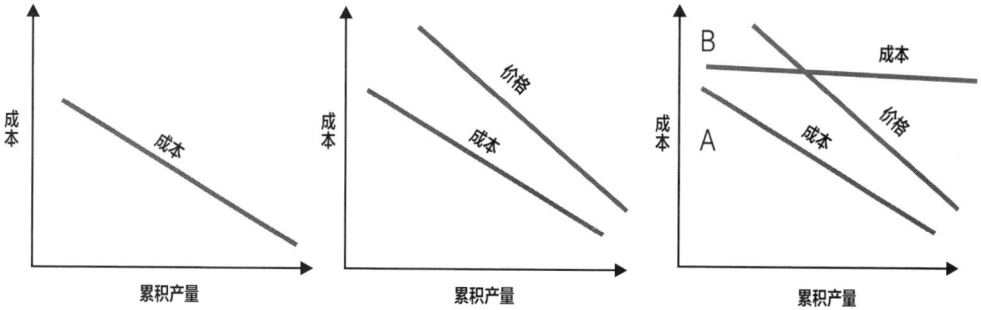

一般来说，上图适用于所有的竞争企业。随着产品走过生命周期，真实成本和市场价格都会下降。

在竞争激烈的情况下，企业有必要降低成本，至少使其与市场价格的下跌相匹配。

上图中，公司B无法使其成本控制在市场价格之下，而其竞争对手A却可以。所以，如果B继续在成熟市场以赔本价销售，就会陷入困境。

下面，我们来看两种截然不同的定价方法，用更简单的方式来说明定价与成本间的关系。

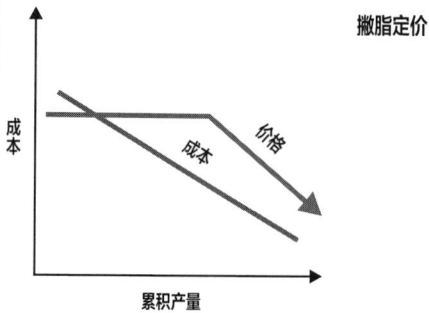

第一种是撇脂定价法。产品价格一开始持续很高，然后随着成本的降低而降低。

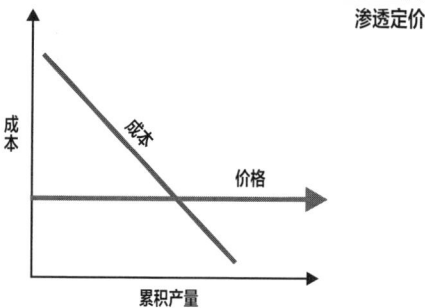

第二种是渗透定价法。产品价格一直较低，产品一开始是没有利润的，但是随着产品通过低价竞争快速渗透市场，使销量和企业的经验快速增长。随着时间的推移，成本大幅度降低，产品很快开始盈利。

撇脂定价法会创造一个价格上限，使竞争者很容易进入市场。

渗透定价法开始时会亏损，企业寄希望于经验增加和成本下降，最终使产品盈利。

昂贵的阿尔法

把握当下，放眼未来。

撇脂定价法
在生产和营销成本未知的情况下，以及价格并不是重要的考虑因素时，撇脂定价法有优势。

渗透定价法
在市场竞争激烈、价格十分重要的情况下，渗透定价法有优势。

但是，每个企业基本上都有一系列的产品，所以成本和定价问题就变得更复杂了。

下图为一个企业的产品系列，它们并非都很成功。

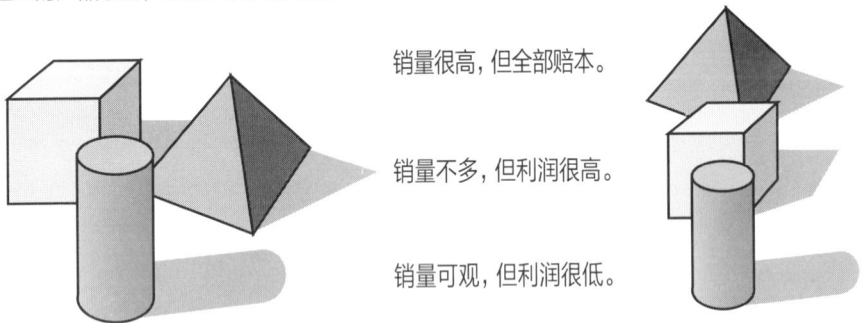

销量很高，但全部赔本。

销量不多，但利润很高。

销量可观，但利润很低。

如果企业状况不景气，企业很容易放弃椎体所代表的产品，因为在进行成本核算时会发现这种产品占据了企业固定成本的最高份额。在剩余的产品里，圆柱体所代表的产品也不怎么赚钱，企业也会逐渐放弃这种产品。更严重的是，企业的经营规模会萎缩，它会变得更加低效、投资越来越少，并最终破产。所以，这又是一个复杂的问题。现在，让我们最后来看看企业使用中间商来分销产品会发生什么。

分销渠道

供货商　　　　　　　　中间商　　　　　　　　客户

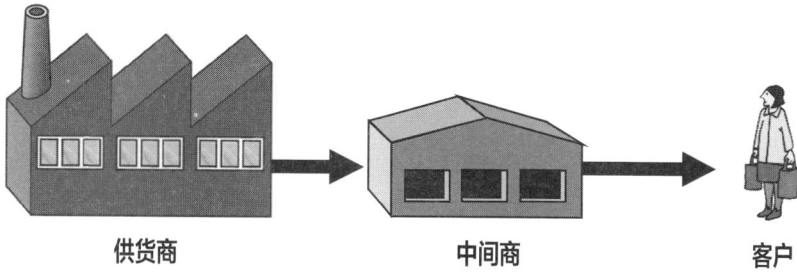

中间商，比如批发商、分销商和零售商，会比供货商更有效地将产品提供给客户。当然，中间商希望自己的服务能有所回报，回报就是出厂价与客户购买价格之差，我们称之为渠道利润。这里的渠道是指分销渠道。

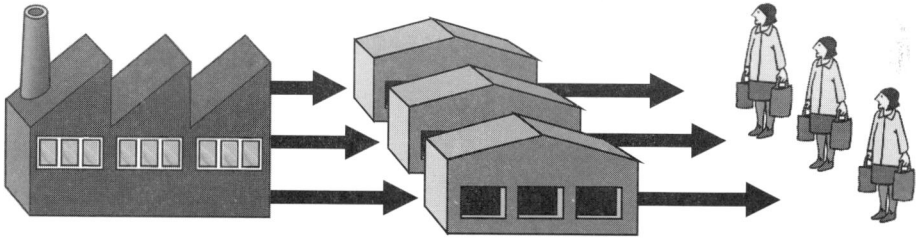

遗憾的是，总的渠道利润也许要分配给多个中间。这里的定价问题就是，如何给每个中间商一个合理的回报，同时让客户购买的价格仍具竞争力。在有些情况下，一些分销商的议价能力高于其他分销商，这就使计算渠道利润（以及价格）更加困难。那么，供货商如何奖励中间商呢？答案是通过给予折扣。

折扣

折扣
交易
数量
促销
现金

给予折扣有四种方法，它们并非互相排斥。交易折扣针对的是那些持有供货商的存货并重新分销产品的分销商；数量折扣针对的是那些大量订货的中间商；促销折扣用于鼓励中间商进行产品促销；立即付款的中间商会得到一定比例的现金折扣。

第九章小结

定价计划在营销战略中占有非常重要的地位。就像营销组合中的其他元素一样，产品的定价应该与企业目标和营销目标相互关联。因此，在定价时必须考虑产品生命周期、产品组合的要求、销售目标和市场份额目标等因素。

达到目标所要采取的方法既依赖于成本，也依赖于市场及竞争情况。事实上，市场导向的定价方式把成本看作企业定价计划的一个约束（成本会设定一个最低定价），而不是定价计划的基础。

定价对收入和利润会有直接影响，产品的价格基本上决定了利润率。

但是，价格也对实际销量有影响——高价格会降低需求，而低价格会提高销量。营销渠道中间商所得的利润应该以产品通过该渠道时获得的增值为依据。不同中间商在高效完成商品交换的过程中扮演着不同的重要角色，企业会给予他们一部分折扣（渠道利润），最常见的折扣类型包括交易折扣、数量折扣、促销折扣和现金折扣。

记住，一个产品的定价计划取决于产品的新颖度、成本、感知价值，以及分销方式。

而且最重要的是，一个产品的定价不应该与其他产品分开而单独决定。

10

渠道：分销和客户服务计划

本章将关注营销计划中与分销相关的部分，我们关注的不只是货物的运输。产品分销主要可以分为三个互相依靠的部分。

| 实物配送 | 营销渠道 | 客户服务 |

我们将依次讨论实物配送和营销渠道，然后再看看它们如何影响整个系统的产出——客户服务。

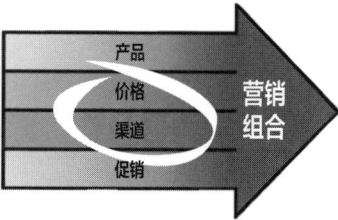

| 产品 |
| 价格 | 营销 |
| 渠道 | 组合 |
| 促销 |

实物配送是营销组合中不可缺少的一部分。它是渠道的主要元素，其重要性可以通过销售单位产品的平均成本看出来。

大约五分之一的成本会用于将货物送至客户，当然也有例外，但是笼统地说，右图已经很具有代表性，能够说明分销在营销组合中是一个非常重要的成分，且在整个交易过程中也很重要。

实物配送

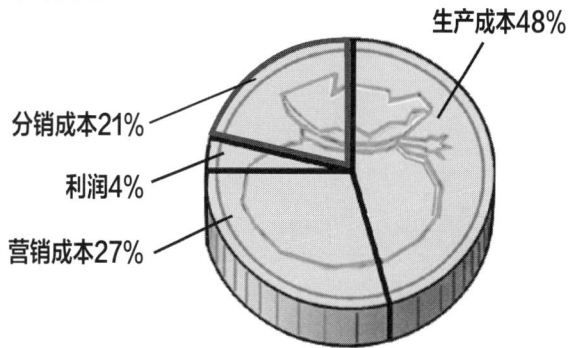

生产成本48%

分销成本21%

利润4%

营销成本27%

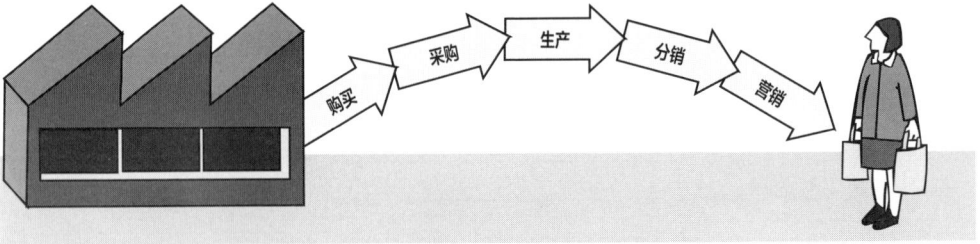

产品或服务的分销是分销的一种方式。另一种方式是将原材料供给生产商的分销，或者供货商的内部分销。本章主要讲述制成品的分销。

第一个要思考的问题是：谁负责管理分销？

如果没有正规的分销结构，生产、营销、财务等部门容易出现各种分销决策。这会产生很多问题，因为一个部门的分销决策会影响到其他部门的利益。

有了更加规范的分销结构，就会减少各部门互相冲突的可能性。

这种互相关联的分销被称作物流。在物流系统中，分销行为之间互相协调，以使整个系统保持最高的效率。比如说……

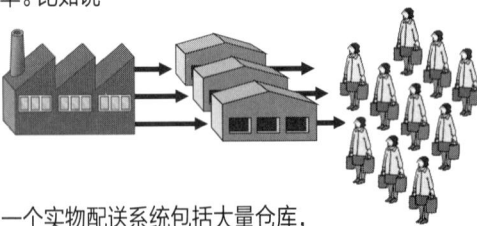

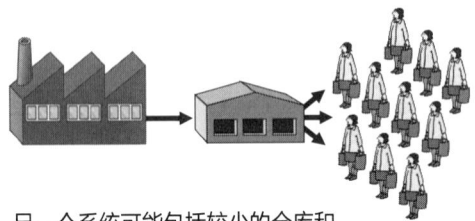

一个实物配送系统包括大量仓库，以及用于供货的运输模式的组合。

另一个系统可能包括较少的仓库和一个完全不同的运输组合。

如果负责实物配送系统的人或部门并非既定利益者，那么这种协调更容易做好。

实物配送分销组合

这个分销组合中一共有五个元素，它们组成了企业的总分销成本。

设施 关于设施的决策包括确定仓库和车间的位置和数量，比如当前位置有何问题，以及为应对需求变化对新位置有何考虑，等等。更多的仓库和车间能够降低运输成本，但投资和日常花费要更高，这些问题都需要协调。

存货

根据对未来需求的预测而持有存货是分销成本的一个主要方面。费用、变质、缩水，以及对足够存货的必要保险和管理，这些都是持有存货需要考虑的问题。

运输

运输决策需要考虑具体的运输模式、用自己的运输工具还是租借车辆、运输时间安排，等等。在实物配送分销组合的五个元素中，运输是最受关注的。

沟通

沟通也是很重要的，因为如果没有一个高效的沟通系统，各部门会因为订单处理不畅、发票不准确等造成较高的额外成本。令人满意的客户服务依靠有效的沟通支持。如果沟通不畅，我们还要面对意外的需求、客户投诉和贸易损失等情况。

单元化

单元化是关于产品如何包装和堆放的，它还关系到如何经济地实施分销。比如说，托盘可以用于产品的存放和移动，集装箱运输已经彻底改变了大批货物的运输方式。

设施、存货、运输、沟通和单元化组成了实物配送的总分销成本。

营销渠道

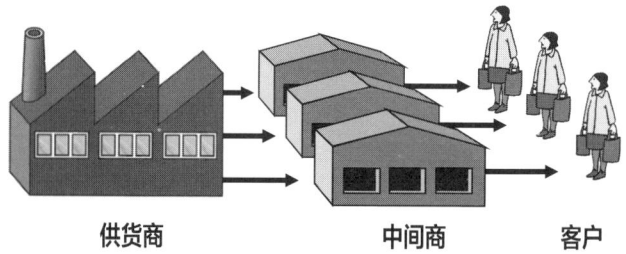

供货商　　　　　中间商　　　　客户

在上一章我们提到，有些企业会将部分或全部分销工作交到中间商手中，而这将影响企业的定价计划。它对分销、成本和管理也有明显的影响，因为这个过程不只是产品的实物运输，还有产品的所有权转换。实物运输的方式与金钱和货物交换的方式是不同的，尤其是很多中间商与供货商一起分享财务风险时。然而，供货商在营销渠道上可能有多种选择。

营销渠道的选择

供货商可以直接供货给客户，也可以通过邮寄或者快递。在互联网时代，商家和客户的联系日益密切，后者越来越受到青睐。

营销渠道是企业接触客户的方式——将正确的产品在合适的时间提供给客户。

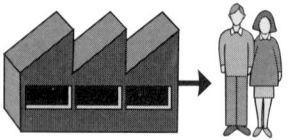

供货商可以将产品提供给批发商，批发商再将产品转给多个零售商。在服务业中，中间商可以是经纪人或者旅行社。

批发商　　　　零售商

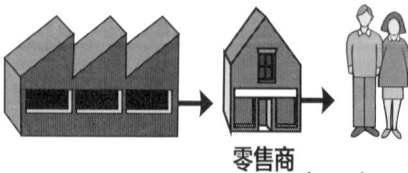

零售商

供货商可以直接通过零售商实现分销。

供货商甚至可以指定一个代理商，尤其是在跨国贸易中。

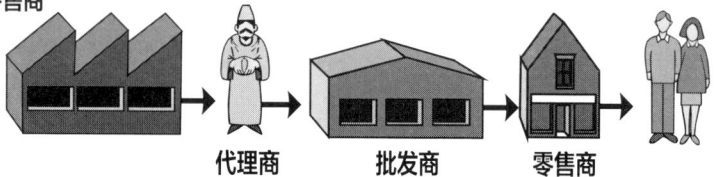

代理商　　　批发商　　　零售商

一种新的营销渠道

电子商务提供了更多的营销渠道，以图书交易为例。

传统结构

发行商 → 零售商 → 消费者

替代结构

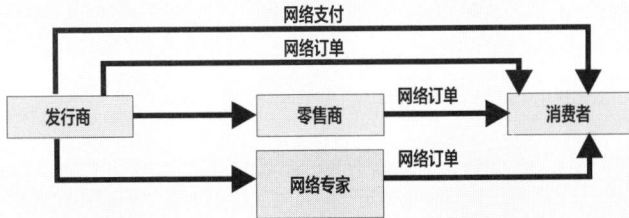

网络支付

网络订单

发行商 → 零售商 → 网络订单 → 消费者

网络专家 → 网络订单

这种结构在音乐、银行业、度假、订票等领域快速应用起来。

一个网络专家的市场地图可能是这样的：

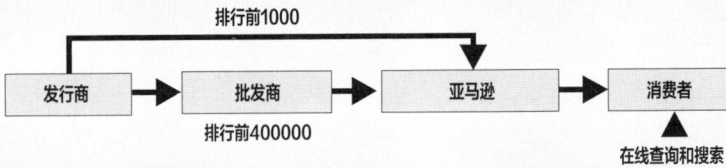

排行前1000

发行商 → 批发商 → 亚马逊 → 消费者

排行前400000

在线查询和搜索

这种方式产生了一种影响，被称为"去中介化"，即中间商被直接销售所取代。

还有一种影响被称为"再中介化"，即专业人士以消费者的角度在供货商中搜索最好的交易。

我们会在本章结尾谈到这点。

在客户眼中，中间商就代表了供货商，所以企业需要仔细评估每一个中间商。例如：他们是否在向我们的细分市场出售产品？他们是否符合我们的标准？他们的地理位置够好吗？他们是否拥有具备竞争力的销售渠道？

客户服务

产品分销的第三部分是客户服务,主要包括订货周期的保障、供货商和客户的有效沟通,以及对可得性的管理。

任何分销计划的最终目标都是使客户能在正确的时间收到正确的货物。这说起来很简单,事实却很复杂,也很难实现。

现货

让每种产品的数量在任何时候、任何销售渠道,满足任何潜在需求,可能会毁掉整个企业。让企业提供75%的服务和100%的服务,其成本是有巨大差别的。

相比75%的可得性,100%的可得性可能需要5倍的存货投资。那么,对于服务或产品来说,可得性是多少合适呢?

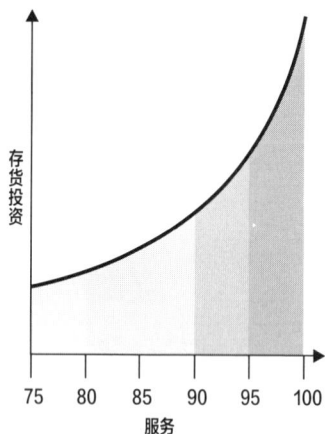

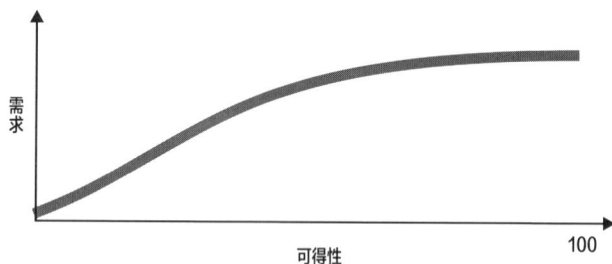

理论上,企业应该在保证盈利的情况下尽可能维持最高的可得性,但事实是,当可得性较高时,客户并不会意识到这一点所带来的差别。

当可得性接近100%的时候,需求并没有增长到可以补足额外投资的水平,所以企业必须在客户服务的成本和收益间寻求一个平衡。这个平衡点出现在可得性提高所获得的收入与成本相等时。

即时制

这是您的钥匙，达尔林普尔先生，但是，让我先介绍一下我自己……

即时供货对那些重要客户来说是很正常的，尤其是汽车销售这样的行业。它免除了所有的存货成本，但也要求各个环节的策划紧密合作。

还有一种形式是供货商管理存货，即存货由企业持有，只有在客户需要时才供给。

很明显，只有在存货量与供货商的投资相匹配的情况下，这种分销方式才是合适的。

"客户服务"是什么意思？

宽泛地说，它是从订单下达到产品送达期间给予客户的服务。

但是，还不只是这些。

我现在就要！

当然，先生。

我想要方的！

当然，方的，先生。

他想要方的！

方的?!

客户服务涵盖供货商、中间商和客户间关系的方方面面，包括价格、产品系列、可得性、售后服务、销售代表……换句话说，包括为客户提供服务的全部行为。本章只介绍了客户服务的分销方面。

一定要物有所值！

我现在就要！

我要的是可靠性！

时间不是问题，我要最好的！

产品 A

产品 B

现货

星期三到货

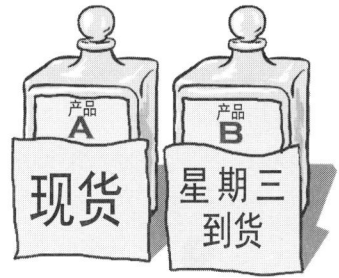

分销是客户服务的基石，但是不同细分市场的客户服务也是不同的。这意味着要为不同的市场群体设计不同的客户服务计划，所以，企业有必要搞清楚对每个细分市场而言什么是最重要的，然后设计一个有竞争力的客户服务计划并实施。

这个计划必须在相关市场试行并调整，企业也许需要制订几套计划。不要忘了，在一个充满竞争的市场中，分销是一个至关重要的因素，它可以影响谁能获得这个订单。

那么，企业该如何设计一个高效的分销系统呢？

我的！

DISTRIBUTION

首先，企业要指定一个分销经理，千万不要把这件事扔给营销经理。分销会涉及劳动关系、工资议价、技术问题等麻烦事，这些问题的紧迫性会使营销经理无法专心从事营销工作。

分销经理的职能就是整合产品从供货商到客户过程中所涉及的所有因素。就像之前提到的营销策划过程一样，开始时要进行审计，包括内部和外部审计，分销也是一样。

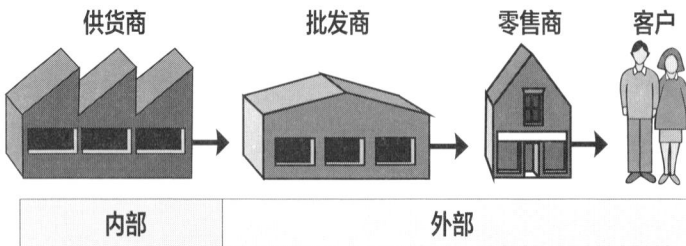

供货商　　批发商　　零售商　客户

内部　　　　　外部

内部审计要考虑销售分布、季节性因素、新产品、包装、运输、存储、存货、生产系统等，这些都是企业内部会影响分销的因素。外部审计则关注市场、渠道的分销计划、竞争、政府规定和外部组织（如行业和团体），以及谁能帮助或阻碍产品的分销，等等。

电子商务和客户服务

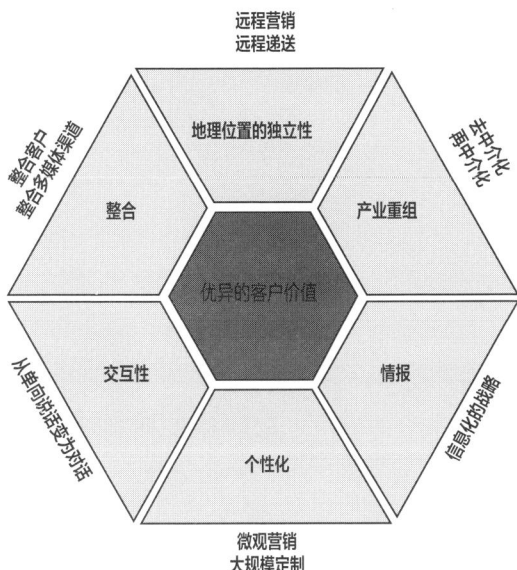

网络改变了客户服务的整体性质。地理位置的独立性、产业重组、情报、个性化、交互性和整合这六个因素是电子商务出现的结果。左图对此做出了具体的解释。

我们会依次讨论每个因素，本章先讲两个，十一章再讲四个。影响分销的两个因素是——地理位置的独立性和产业重组。

地理位置的独立性

对于网络客户来说，虚拟的商业街可以带来许多好处。电商企业也能够接触到更广泛的潜在客户，这意味着即使相对来说比较小的企业也可以提供服务，客户可以有更多的选择。更少的日常开销意味着企业可以提供比实体店更低的价格，而更激烈的竞争以及客户可以快速比对价格，也会使产品的价格下降。客户现在没有必要再在相互竞争的商铺间来回奔波，因为登录网站只要几秒钟。

在线图书交易也会从中受益，因为世界各地的客户都可以在网上浏览图书介绍，并且网络搜索引擎可以强化浏览的效果。网络的低交易成本替代了聘请店员的高额成本，企业也不需要将大量的资本花费在将图书运输到零售店上。

其结果是，很多书商在实体店竞争的同时也在网络上竞争，发行商也经常跳过书商而直接将书卖给客户。

随着以网络为基础的客户服务媒介逐渐成熟，企业可以提供的产品和服务也越来越多。随着消费大众对网络购物的习惯以及安全和保障需求的提升，客户服务已变得越来越重要。

社交媒体

通过Facebook、Myspace、Twitter、LinkedIn、YouTube和博客等网站，社交媒体为广告商提供了大量免费展示的机会。

如果广告商可以在某社交网络植入一个产品或者一个理念，口口相传一定会使这个产品的信息广为传播。

广告商的四个目标

1. 客户洞察力——可以揭示客户对企业提供的产品有何想法。它可以让企业将热情的客户反应转化为积极的广告。有些企业还建立了创新客户社区，让客户提出并评价新的产品理念。

2. 品牌曝光——社交网络在帮助企业制定购买决策方面是很重要的。很多企业会在自己的网站上增加社区讨论功能，以鼓励客户帮助企业制定决策，企业可以由此获得有关产品抗议（比如环保方面）和产品开发等方面的数据基础。

3. 建立关系——广告商鼓励客户对产品做出评价，这有助于帮助其他用户做出购买决策。这些广告商发现，那些阅读至少一条产品评价的潜在客户比那些没有阅读评价的客户更有可能购买产品。

4. 客户服务——在线咨询比打电话更方便快捷，常见问题的答案可以通过在线咨询免费获取。由客户组织的产品论坛具有自助功能，对广告商来说也是免费的。

问我点儿别的

电子邮件和病毒式营销

这里说的不是垃圾邮件，而是有明确目标客户的电子邮件。广告商会给买过自己产品的客户定期发送电子邮件，为他们提供相关产品信息。

然而，陌生的广告邮件还是会常常被当作垃圾邮件处理掉。

客户发来询问产品信息的邮件很重要，但是需要企业调动资源来处理。

产业重组

IT（信息技术）对产业结构的影响经历了三个步骤。以旅游业为例，它经历了从提供实物产品到虚拟产品的变化。

第一步：自行车的发明使个人出行更加方便。

第二步：旅行社在网上为客户预订机票。

第三步：消费者自己在网上搜索出行信息。

随着电子商务的发展，客户服务的模式已发生根本性改变。下面将以大街上的银行业和金融服务为例。

传统的银行业运营依靠票据交易，以及柜员或经理和客户面对面的交易。

现在，部分银行业已经将一些服务外包出去了，比如投资咨询或者按揭贷款，但是基本上还是一个拥有大量产品的统一分销渠道。即使有些银行的服务是自动化的，比如自动存取款机的问世，银行基本还是属于集中化的运营方式。具体模式如下图所示。

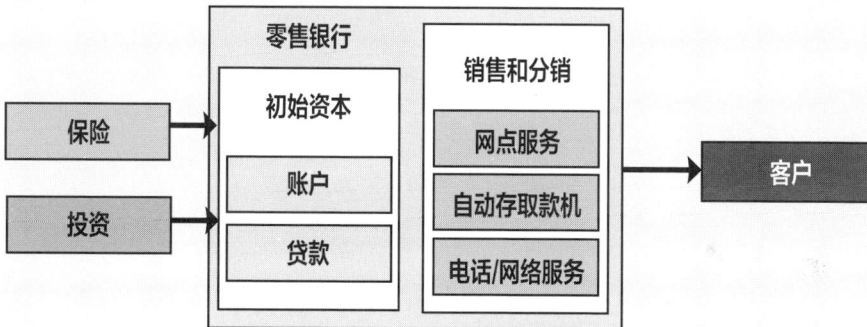

如上图所示，除了网点服务，很多银行还提供电话或网络服务，客户可以通过这些途径访问自己的账户，甚至可以在虚拟银行进行交易，而银行并不需要太多运营成本或日常开销就可以拓展很多业务并抢夺客户。

然而，大多数金融服务提供商还是会开设营业厅，并同时提供虚拟服务，这使原本的运营模式发展成一个更复杂的模式（见下一页最上方的图表）。

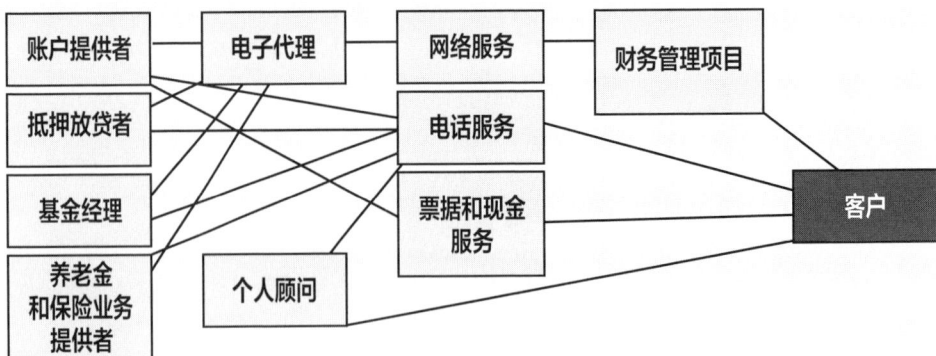

由于电子商务的出现，信息密集型行业的本质正发生巨大的变化。这个新的沟通媒介将影响到每个行业，因为每个行业在与客户沟通时都要处理大量信息。

分销计划的 三个基本目标	1 与中间商管理相关的目标 2 与存货管理相关的目标 3 与客户开发管理相关的目标

最后，分销计划必须与企业营销
计划整合在一起。

分销计划从企业营销计划中的营销战略出发。为了实现分销目标，企业有必要评估分销各个层级的变化情况，并将任务融入企业营销战略，同时确保分销计划的顺利实施。

第十章小结

客户在哪里购买产品是由提供产品的销售商所决定的。企业的分销计划应该基于对市场需求和企业满足这些需求的能力的仔细评估上。营销渠道是一个由许多互惠互利的组织所组成的网络。营销渠道本身是动态的，就像它所服务的市场一样。因此，关于营销渠道选择的决策应该视作企业营销战略的一部分，并需要根据环境做出调整和改变。

企业不能把为客户提供产品看成其他人的职责。分销在营销组合中的地位与定价、促销和产品决策相当。事实上，在有些市场，分销对销售额的影响甚至超过了营销组合的其他元素。企业做好分销的关键是采用一个整体的、系统化的方式，并用一种整合的眼光来看待分销中的各项活动。

这样一个整合系统的产出就是客户服务。客户服务管理中的隐含任务是，要在服务的成本与直接客户利益之间找到一个平衡点。合适的可得性是客户服务的重要方面，它不仅取决于产品的盈利能力，还取决于产品的性质——市场的竞争环境和所采用的销售渠道。

最后，有网络支持的营销正在改变营销的全貌，电子商务有助于以更低的价格提供更快捷的服务。

记住，只要我们有存货，它就会产生额外的成本！

11

营销信息、预测与组织

至此，本书已经介绍了影响营销策划过程的各种因素。现在，
让我们来看看如何使之运作起来。

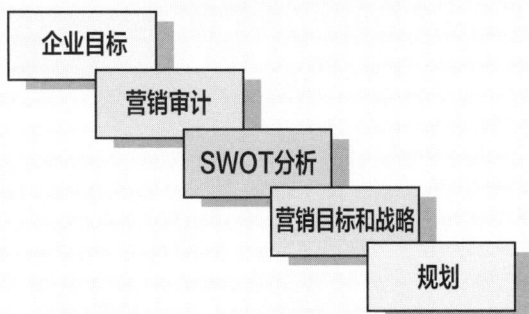

企业目标
营销审计
SWOT分析
营销目标和战略
规划

营销策划过程看似很简单，实际却很复杂。

把它放在这儿，伙计们。

把它放在那儿，兄弟们。

易碎

营销计划

每个企业之间都存在差异，甚至同一个企业的业务性质也是在不断改变的。个人在企业中所扮演的角色需要明确界定，营销策划过程中各个部门的职责也需要达成一致。"什么时候策划"、"以什么频率"、"由谁负责"，以及"如何策划"都是要考虑的问题，并且企业不同，情况也不同。

短期计划和长期计划必须有一定关联。这个过程看似很容易，实施起来却会因环境而变得很复杂。营销策划过程的实施主要受两个条件制约：信息和组织。

把握现在

放眼未来

还有更远的未来

信息

本章的前半部分，我们会集中讨论信息和预测。之后，我们再来了解组织营销策划的方式。

企业的盈利和发展取决于准确的信息。

我想填满这些圆孔。

我们做的是方形楔子……

客户

供货商

只有企业的能力与客户的需求相匹配，企业才会盈利。可见企业与客户之间的信息有多么重要。要想获得准确的信息，企业就要做营销调研。

营销调研

收集数据是营销调研的第一步。企业将数据变成相关信息之前必须首先明确调研方向，并且只有在企业有明确意图的情况下，这些信息才是相关和有效的。与企业意图相关的信息就是情报。

数据　方向　→　相关信息／意图　＝　情报

情报和风险

我想知道另外一边在哪里。

跳远

任何企业决策，只要结果不确定，管理层就很有可能犹豫不定。如果有了相关信息，不确定性就转变为可估测的风险了。

> 通过评估各种可能性，
> 情报将不确定性转变为风险，
> 这是营销管理最重要的任务。

营销经理面对的一个难题就是海量信息。

信息如此之多，以至于无法消化或未被查看。最终，营销经理只能依靠自己的直觉来完成这项工作。另外，营销信息容易过时，就像昨天的新闻无法反映当前的情况，那么也就毫无用处。

通过不同源头获得相同的信息会浪费人力和物力。那么，我们应该在营销调研上花费多少钱才合适呢？我们又如何知道我们的投入何时产生价值呢？

也许，通过结果来分辨是最容易的。那么问题是，企业应为营销调研投入多少钱呢？

企业也许需要一个粗略的标尺，比如新产品的开发成本。虽然新产品成功的概率并不确定，但是企业要把这种不确定性转化为可接受的风险。

如果新产品的失败率是10%，可能损失10万美元，那么就值得投入10万美元来避免损失。新产品成功的概率很大程度上取决于市场情况以及产品的内在价值，营销情报则可以发挥降低风险的作用。

开发成本100万美元

有声捕鼠器

$1 000 000

联邦储蓄银行承诺向持票人支付100万美元。

签字：怀尔德·比尔

10%

两种营销调研方式

 内部调研是在企业内部实施的。

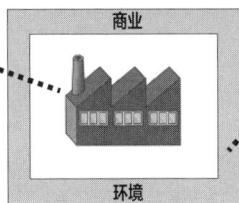

商业

环境

 外部调研是在商业环境中实施的。

外部调研是为了给内部信息提供支持，而这些内部信息是从销售报告、营销组合的变化，以及其他相关材料中得到的。

两种信息

回应型

回应型信息与市场相关，并需要特定的人群来回答问题。

非回应型

非回应型信息并不依靠直接从调查对象那里得到的数据，但是需要企业自己观察。

回应技术

回应技术需要市场的配合，并且需要特定的人群来回答问题。收集回应型信息的一个重要工具就是问卷调查。

三种问卷调查方式

人员访问调查

电话调查

邮寄问卷

人员访问调查可以达到最佳的控制效果，但是这种方式会耗费很多金钱和时间。

电话调查很容易实施，也非常快速和廉价，但是获得信息的数量和种类通常很有限。

邮寄问卷也有局限性。这种局限性并不是因为信息量有限，而是因为样本偏差及缺少反馈。并且，问卷设计也是最重要的。

有一点很重要，就是不要问含沙射影的问题。问卷调查结果应该能够提供你真正需要了解的信息。因此，在抽样人群中进行测试是很有必要的。

在一些特定的市场中，深度访谈尤为有用，通常会以小组的形式进行讨论。

另一个获取信息的方式就是实验，例如测试新产品在市场中的表现，或者测试营销组合中不同元素的表现情况。

非回应技术

这种技术并不需要市场的直接合作，而是完全由企业控制的。

比如，通过零售审计，供货商可以监控有代表性的持有库存的零售商……

再来三杯，放在石板上，布莱恩。

老样子，贾尔斯先生？

是的，饼干和一罐狗粮。

……或者让研究小组记录消费者在一段特定时间内的购买行为，这样供货商可以明确市场特定领域的产品使用情况。

但是，大多数有效的市场调研都是在供货商内部完成的，例如通过收集材料、统计数据，以及研究行业报告、新闻和贸易日志等渠道来进行。将这些信息与企业的销售数据及其他内部数据综合起来，将非常有价值。

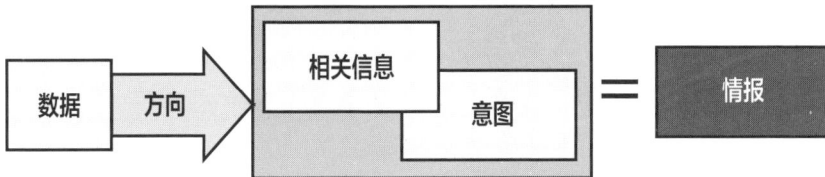

数据 → 方向 → 相关信息 / 意图 ＝ 情报

所以，营销信息可以通过内部或外部调研获得，并且根据来源分为两种：回应型和非回应型。只有确定了调研方向并与企业意图结合起来，信息才会有用。

市场情报系统

市场情报系统的成功取决于明确营销决策和对做决策所需信息的管理能力。只有找到成功的决定性要素，才有可能明确所需的信息。

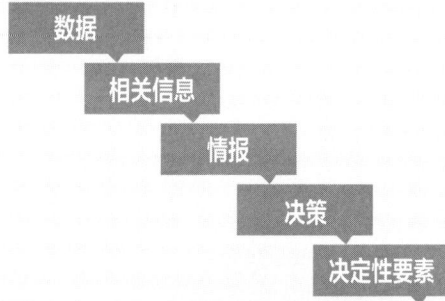

数据

相关信息

情报

决策

决定性要素

建立一个良好的市场情报系统共有四个步骤：

· 列出现有数据和信息
· 列出决策
· 整合并明确需求和意图
· 调整并运作系统

首先，要列出现有数据和信息。然后，列出企业要做的决策。接下来，把这些整合起来，寻找信息需求中冗余和重叠的部分（矩阵是个好办法），并明确每个需求和意图，同时记录下来。最后是调整并运作这个系统，以达到意图。

对内部的销售数据来说，获取过程可能是这样的：

产品数据
地域数据
时间数据
其他

首先，企业要收集关于产品管理各方面的信息，然后把它们列成一个矩阵（见右图）。

	产品数据	时间数据	地域数据	其他
产品数据				
时间数据	A			
地域数据	B	D		
其他	C	E	F	

在右上方这个高度缩略的矩阵中，一个产品数据的报告会同时包括时间数据（A）和地域数据（B）的相关信息。然后，企业需要列出每个报告的目标和意图，只有这样才可能建立一个考虑周全的市场情报系统。

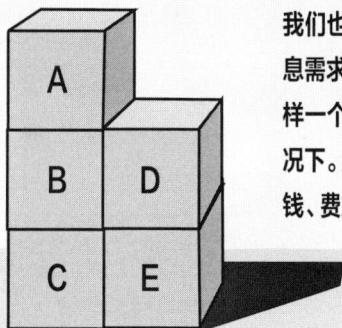

我们也可以采用堆积木的方法，每一块积木代表一个为了满足特定信息需求的分系统。最终，企业可以根据客户需求建立一个综合系统。这样一个系统的建立和运转可能会很昂贵，尤其是在市场不断变化的情况下。所以企业需要预先评估系统可能耗费的成本，以免日后维系时费钱、费力、耗时。

预测

企业营销任务的复杂性在最近几年增长很快。客户需求更加多样化导致产品生命周期变短，以及国际化的问题使企业竞争压力剧增。影响商业环境的社会文化、法律和政治因素也在迅速改变。所有这些意味着，要找到并开发一个有利可图的市场越来越难了。

所有这些都使企业预测的风险更高，也更不准确。但是，预测仍然非常重要，而且错误的预测可能是灾难性的。

那么，要预测什么呢？

宏观预测和微观预测

任何企业在制定营销目标和战略之前，必须对整个市场进行长期预测，我们称之为宏观预测。然后，在企业决定要利用哪些特定的市场机会后，必须针对企业内部各部门做出详细的预测，我们称之为微观预测。

定量预测和定性预测

无论是宏观预测还是微观预测都需要用到两种预测技术。定量预测的依据是统计概率。但是有时需要运用定性预测，因为定量预测并没有考虑以往趋势可能发生的变化。所以，根据现有信息做完定量预测后，需要再进行定性预测，比如专家意见、市场调研等。否则，预测可能会很不准确，并且非常危险。

"我预测五年内将会有25万个陌生人从你这里经过。"

"不幸的是，只有1万个人会购买你的产品。"

网络的影响

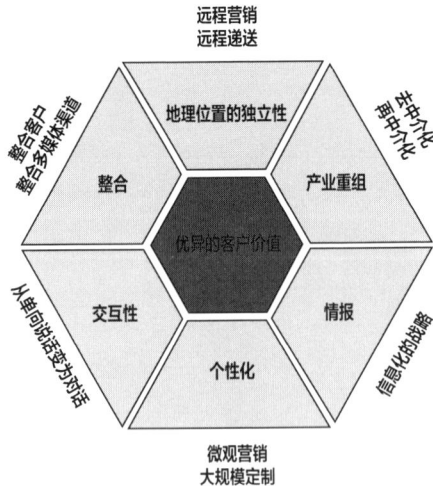

网络对信息已经产生深远的影响，尤其是在交互性、个性化、情报和整合方面。

上面这六个因素是可以通过信息技术运用的六个控制杆，与产品、价格、渠道和促销一样，所有因素没有必要同时使用，也没有必要在每种情况下都使用。选择运用哪些因素取决于特定细分客户的需求，以及这些需求与企业能力和目标的匹配。上图只是展示了营销经理可以采用的所有选项。

整合

电子商务为企业管理客户关系提供了机会，比如了解客户需求和特殊要求、寄送货物和售后服务。但是，随着客户与供货商之间互动的方式增多，就要求供货商建立良好的沟通机制。服务个人客户的每个职员都必须能够获得与客户满意度相关的信息。这就是我们常说的客户关系管理。

交互性

交互性使买方与卖方之间的沟通形成一个回路，这种双向交流可以在网络上以更复杂的形式实现。交互性沟通在达成关系营销目标的过程中非常重要。关系营销关注供货商与客户之间的长期关系，它的优势是可以带来更高的客户满意度和更高的客户忠诚度。

传统上的供货商与客户之间的关系由提供产品或服务的供货商和决定是否购买的潜在客户组成。广告、寄送、售后服务等是整个销售过程的一部分，交易动态主要是由卖方推动的。

网络交易的交互性意味着，销售过程基本上是客户与供货商之间的对话，且客户知道自己想要什么，而供货商则必须在寄送和服务等方面与其他相似供货商竞争。

这个重心的转变对供货商来说有着十分深远的影响。

天气变凉了，先生，让我
给您介绍一下拉瓦特的外
套和无衬手套吧？

好的，吉夫斯。

个性化

在互联网时代，企业能够根据客户的特殊要求为其量身
定制产品和服务，甚至可以根据客户的品位为其提供专
业建议，以及告知客户他们感兴趣的产品信息。例如，
互联网书商亚马逊可以根据客户阅读习惯的数据为其推
荐他们感兴趣的新书。

一站式交易

在互联网上选择你想要的产
品和属性

下订单并付款

指定寄送日期

获得免费的技术服务

可以选择在线下单

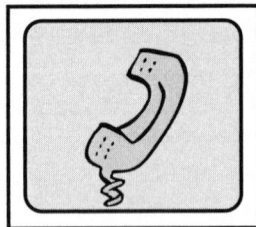

或晚些时候打电话下单

在某些计算机生产商的网站上，客户不仅可以自由选择计算机的具体配置，而且可以立刻看到报价并了
解送货细节，还能获得免费的技术服务。客户可以在线下单，或搞清楚细节后打电话下单。最后，客户
只需要等待货物送达。

这样的一站式交易对客户来说很方便，对供货商来说很高效，可谓名副其实的个性化服务。

情报

更好的客户数据可以优化营销战略的决策。我们发现，看起来无关的销售往往有共同的来源。比如，美国明尼苏达州有家商店发现，每年10月份，链锯和床的销量会同时上涨。一份电脑数据显示，是同一批人在购买这些产品，因为他们要为即将到来的狩猎季做好准备。

> 链锯和床，福尔摩斯！难道有什么阴谋吗？

> 我亲爱的华生，问题关键在于时间和地点。

另外一个为营销战略决策收集情报的方式是因果模型，这是一种"数据挖掘"技术，分析的是"起因"与"结果"之间的关系。在其他条件都相同的情况下，牛肉的销量遇到如下情况会增长：价格下跌、更大规模的广告宣传，或者人们对牛肉安全性的担忧减少。如果营销人员可以预测"起因"的将来值，电脑就可以计算出"结果"的将来值。基于客户与供应商之间互动的重要性，数据挖掘及趋势预测在电子商务中尤为重要。

组织营销策划活动

每个企业都有自己的架构，营销策划的组织结构也是不一样的。并且，每个企业也会根据这个结构的变化而变化。

一个企业最开始可能只是一个人的组织，采购、打广告、生产、销售等所有活动都由同一个人完成。

这时，企业是一个以所有者为中心的组织，他了解企业的一切。这个企业的结构就像一个轮子。正规策划和书面材料无足轻重，但当企业不断壮大时，它将会遇到组织危机。

到达这个阶段的企业，其管理结构如
图所示：

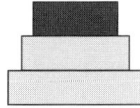

顶层的战略管理由较低层的
管理所支持。

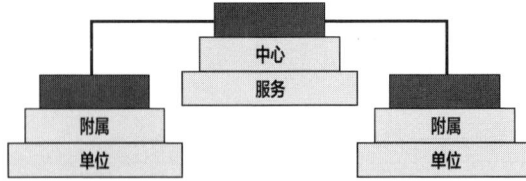

上图中，企业的一些核心战略职能会重复出现在附属单位，附属单位出于自身市场的考虑会推出新的产品或服务，而不顾总部的战略。除非有某种规划，否则工作会出现重复，战略会发生矛盾，盈利能力也会下降。这时就需要营销策划系统了。

左图的企业倾向于标准化的战略，设计新产品时会考虑尽可能多的市场。但这样做的危险是，附属单位对个别市场的需求将不再那么敏感，灵活性和竞争力也会下降。

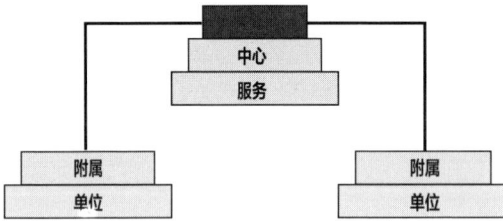

左图更加复杂。当一个部门的决策有损于其他部门的职责时，就会出现危机。对于一个处于低成长或停滞市场的企业来说，问题会更加严重。也就是在这个时候，企业才会认真进行营销策划。

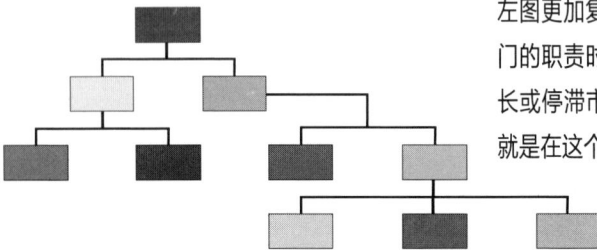

营销策划的作用是控制和保障企业的增长并寻求更大的利益。在董事层，营销和销售的关系尤其重要。

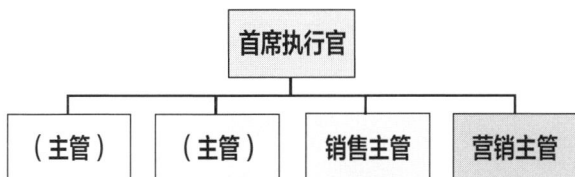

左图中，营销和销售均出现在董事层。

这样做的危险是，实权会掌握在销售部门，而营销部门会受到打压。当然，一个强有力的首席执行官可以使这两个部门协调起来，但是他真的太忙了，根本无法顾得上。

一个更好的组织结构可能是这样的：

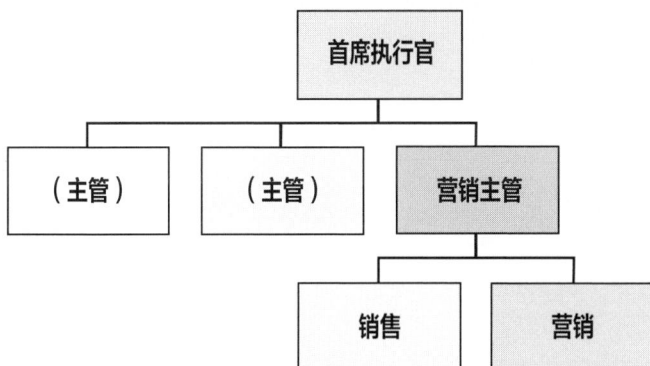

这时，销售与营销之间的冲突可以在工作中解决，而且营销部门策划的活动与销售部门在市场中实施的活动可以关联起来。

另外一种冲突存在于营销本身。安索夫矩阵认为，营销与产品和市场有关。从组织结构来说，很多企业都有"产品经理"和"市场经理"，结果是企业只会倾向于其中之一。

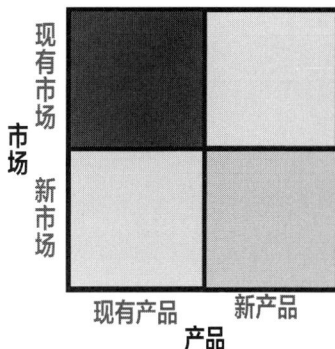

第十一章小结

营销调研是营销任务必不可少的一部分。它给管理者提供了认清市场机会的方式，并帮助他了解营销策划过程。它还可以为营销计划的控制提供数据。因为营销调研的对象是不稳定的行为现象，所以调研结果往往不那么精确。尽管如此，它还是为企业与市场提供了宝贵的沟通方式。

许多有价值的营销信息可以通过对现有的数据进行处理而获得，这些数据可能来自企业内部或外部。另外，企业可以利用很多技术对市场进行前瞻性的调研。

由于商业环境时刻在变，所有对市场和销售的预测都是在不确定的情况下进行的。预测必须能够为营销活动提供一个灵活的框架，并且企业必须认识到预测本身的不确定性。预测的核心任务是对产品可以获得的市场潜力和市场份额进行估测，这会受市场本身的稳定性和预测范围的影响。

预测包括宏观预测和微观预测，二者必须结合进行。

网络促进了信息的使用，尤其是在交互性、个性化、情报和整合方面。

营销部门必须与其他部门一起合作，以保证企业的产品能满足客户的当前需求和未来需求。并且，营销活动应该尽可能地贴近客户。

12

营销策划系统的设计与实施

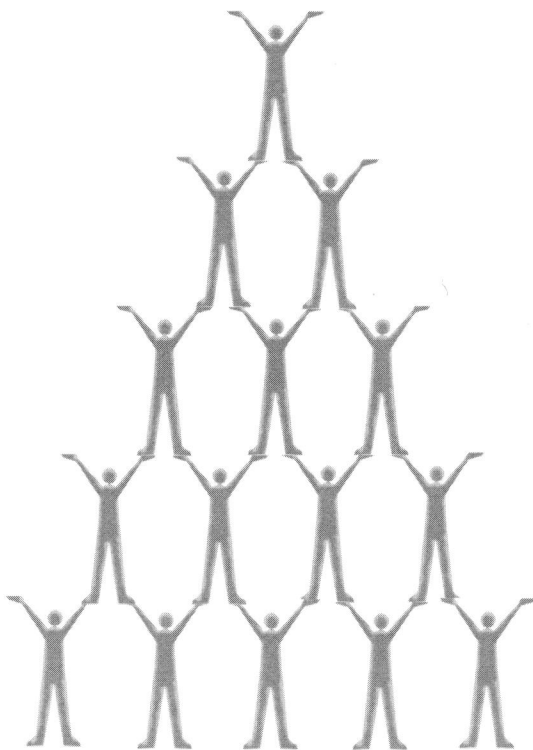

在第十一章我们看到，无论企业的规模如何，营销策划的原则都是一样的。在最后一章，让我们来看看企业结构是如何决定其营销策划系统的特性的。

所有营销计划都有两点是一样的。

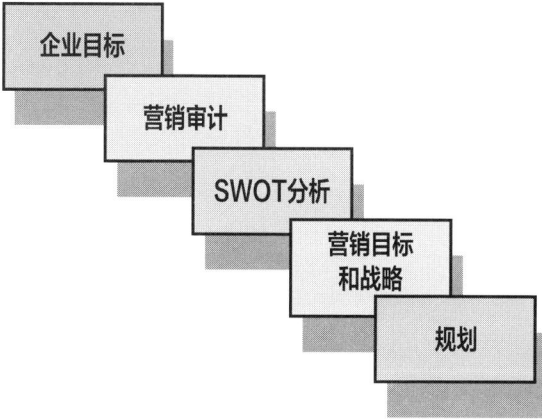

企业目标

营销审计

SWOT分析

营销目标
和战略

规划

首先，所有营销计划都有相同的结构。

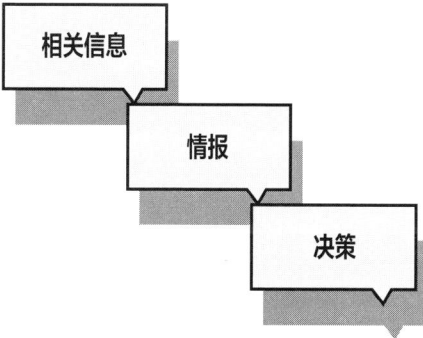

相关信息

情报

决策

其次，它们都有相同的实施方式。

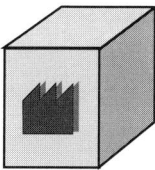

这个结构和系统适用于小企业和较大的企业……

……也适用于整个集团性企业。不同企业的营销目标和战略可能是不同的。大企业或多元化的集团性企业需要大量营销计划，以服务于企业的每个部门。

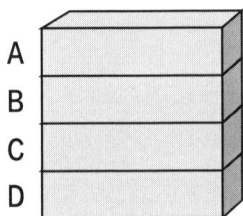

这是一家拥有多个企业的集团，每个企业分别用A、B、C、D来标记。

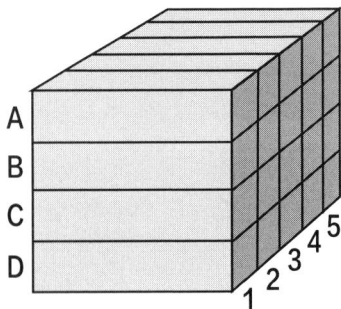

每个企业都有若干的商业领域，分别用1、2、3、4、5来编号。我们假设每个企业都有类似的管理职能——生产、分销、销售，等等。

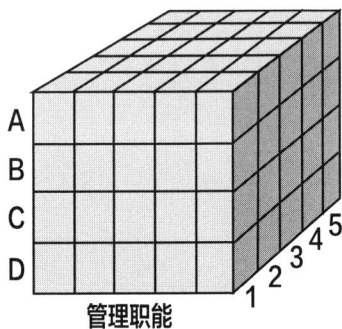

这个集团的业务活动可以用上图所示的三维网格来表示。下面我们将以其中的企业A为例进行说明。

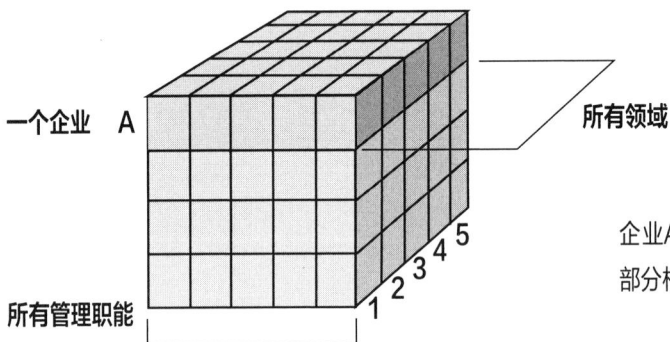

一个企业　A

所有领域

所有管理职能

企业A的营销计划与网格的这些部分相关。

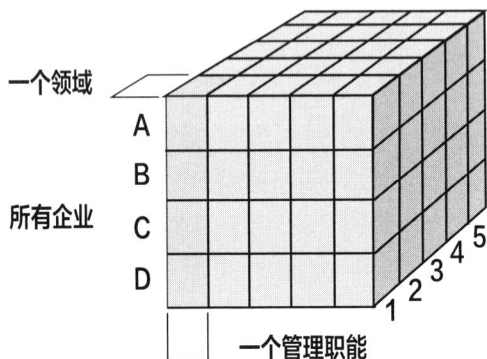

一个领域

所有企业

一个管理职能

关于企业内部运营的更详细的营销方案，我们称之为微观计划。左图是关于一个管理职能的微观计划，它与某一特定领域里所有企业的这一管理职能都相关。

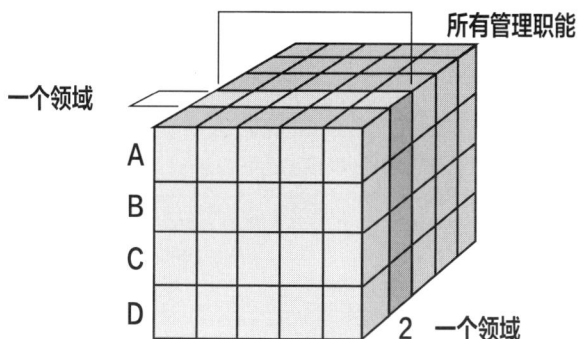

同样，一个包括某领域所有企业的营销计划如左图所示。这种集团中的与每个企业都相关的营销计划，我们称之为宏观计划。

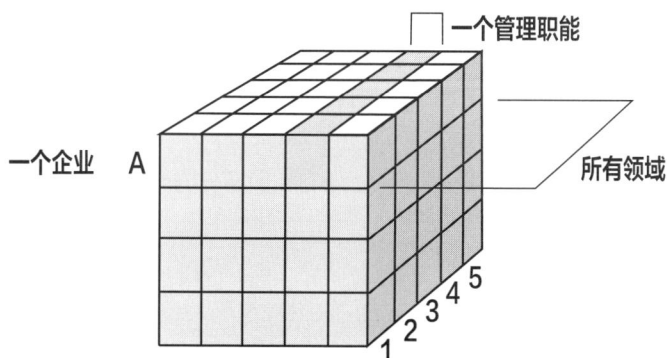

上图这个微观计划则与一个普通职能的管理相关，但涉及所有领域。

这个模型说明，营销计划适用于各种企业，无论企业的规模和复杂程度如何，但是要将企业各领域不同的活动联系起来。

两个要素决定了一个企业的复杂程度

规模
及
多元化

规模是一个企业的内部特性。多元化与企业的市场相关联。由有限的市场组成的环境是最不复杂的，所以就营销策划而言，单一性的企业营销策划最简单。

左图是一家大企业，其产品系列相对单一，但拥有多元化的市场。这个企业的中央职能几乎像多元化的大型联合企业一样艰难，即使顶层管理者对产品系列有很深的了解。尽管如此，这种企业的营销策划还是比较简单的。

右图是一家为汽车行业提供电器配件的企业，其产品系列较多，但客户相对较少。同样，与一家真正多元化的企业相比，这家企业的营销策划也较为简单。

单一化企业

多元市场中的少数几种产品　　或者　　少数市场中的多样产品

我成功的秘密？产品种类最小化，多元市场最大化。

火柴

以下是一个小公司的案例分析，其营销计划包括多元化的产品。

尽管马里奥的公司规模很小，但仍需要一个营销计划，并且该计划在结构上与跨国企业的营销计划没有本质的区别。但是，因为公司较小，他实施计划的方式将会不同。规模是营销策划系统最重要的决定性因素，马里奥对它有深刻的了解。

马里奥
孩子们，快来看一看！

孩子，这是你喜欢的口味——加奶油和杏仁糖的。

好吃！

马里奥对制作冰激凌所需的技术和市场有很好的了解，并且与妻子交流也很方便。妻子是他的重要下属，也是帮他制作冰激凌的人。

因为每个人都参与到了日常工作中，所以他们的工作不需要书面流程。但即使是在马里奥公司目前的发展阶段，仍需要清晰的营销策划过程，以及对营销理念的深刻理解。

亲爱的，尝尝油炸冰激凌!

好!

奥斯卡，你得放个长假了。

但是，随着公司不断变大，运营问题也更加复杂。

有了冰激凌和热汤，我们的业务将遍布全国。

当尝试拓展多元化产品和市场时，对马里奥来说，原先成功的营销计划将不再有效……

如果没有一个合适的营销计划，组织结构上的问题也将很快浮现出来。

顶层管理者很难通过信息渠道对业务保持深度的了解，也不可能在没有书面流程的情况下对每天的市场波动做出回应。

马菲奥

最终，由于对市场需求不够敏感，企业将走向衰败。

企业规模越大、越多元化，就越需要标准化的营销策划过程。

但是对市场的敏感度会引发另一些问题：谁来做营销决策？是远离业务的最高管理层，还是那些了解市场但没有什么权力的一线人员？

战略和职责的沟通

右图中的金字塔代表一个大型企业高度简化的管理结构。顶层管理者具有战略职责，比如决定开发什么产品和进入哪个市场等。因此，顶层管理者负责制定企业目标和战略，并将之自上而下地传递出去，如左边的箭头所示。运营管理层的职责是将每个部门的目标和战略自下而上地传递出去，如右边的箭头所示。

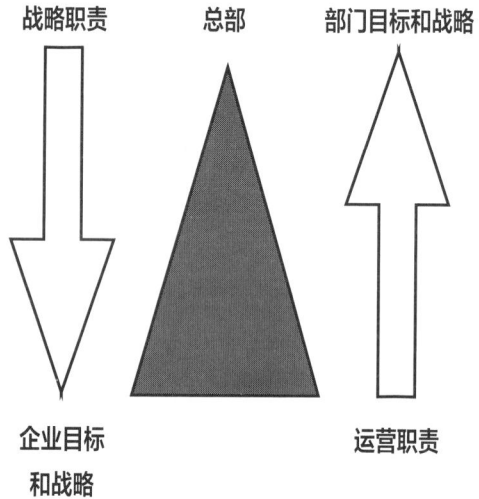

战略职责　　　总部　　　部门目标和战略

企业目标和战略　　　运营职责

通过这种方式，为未来制定的决策（顶层管理者的职责）就与为当下制定的决策（运营管理层的职责）形成了一种相互依存的关系。

企业目标

企业战略

企业目标引导企业战略……

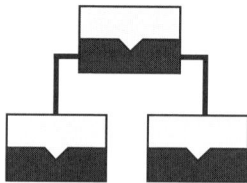

……企业战略进而引导下级结构的目标和战略……

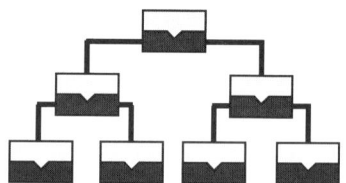

……并依次向下延伸，直至企业结构的最底层。相应的信息再依次向上传递至顶层管理者。

通过这种方式，即使规模较大的企业也能开发出足够灵活的营销计划。通过自上而下和自下而上的策划，顶层管理者的中央控制就和运营管理层的灵活性达到了一种平衡。

营销策划的四种结果
（其中只有一种是正确的）

| 官僚策划 | 混乱 |
| 冷漠 | 必不可少的营销策划 |

第一种是官僚策划，会导致个人的创造性和主动性没有任何发挥的空间。第二种是混乱，个人完全自由，没有任何系统可循。第三种是冷漠，没有系统，也没有创造性。第四种是必不可少的营销策划，它具有可行性，其要求与个人的创造性和自由度之间达成了一种平衡，可以为所有管理层提供参考，但同时也允许企业内部存在创新精神，其正规化程度取决于企业的规模和多元化。

时间表和条件

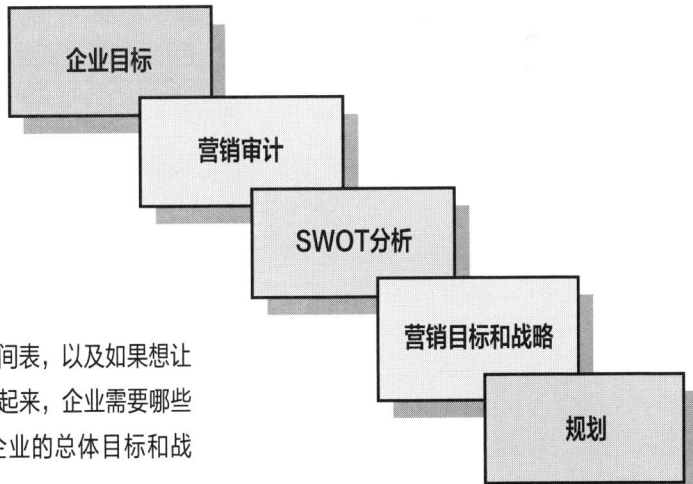

企业目标

营销审计

SWOT分析

营销目标和战略

规划

最后我们来看看营销策划的时间表，以及如果想让一个有效的营销策划系统运作起来，企业需要哪些条件。记住，营销策划是从企业的总体目标和战略开始的。

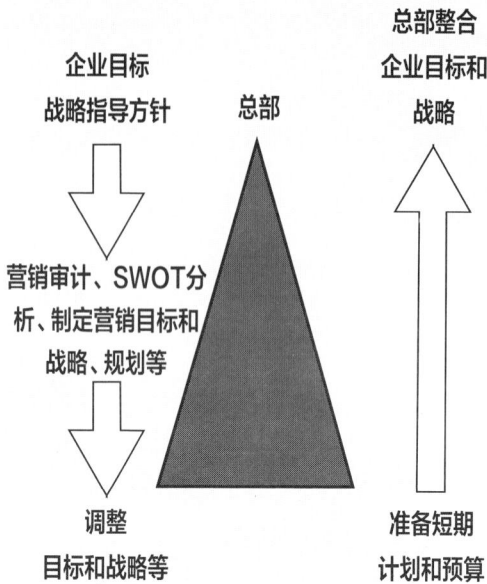

首先，企业会公布企业目标，即战略指导方针，概括企业所有重要领域的目标。之后会进行一系列的营销审计、SWOT分析、制定营销目标和战略，以及规划，等等。

一旦企业在长期目标上达成了一致，部门经理就可以开始准备短期计划和预算，通常是一年期的。

最后，总部将整合企业目标和战略。

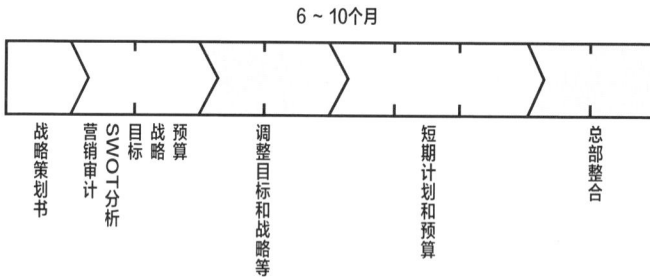

整个营销策划系统的实现大概需要6～10个月时间。这期间，企业要不断调整并修改计划，以便顾及企业不同部门互相冲突的需求，并对不断变化的市场做出灵活应对。这对大型企业来说尤为重要。

一个有效的营销策划系统的必要条件

首先，虽然我们一直认为营销策划过程包括五个关键步骤，但它必须还有一些信息回馈点。也就是说，营销策划系统应该是永不闭合的，否则会对其灵活性和应对变化的能力产生负面作用。

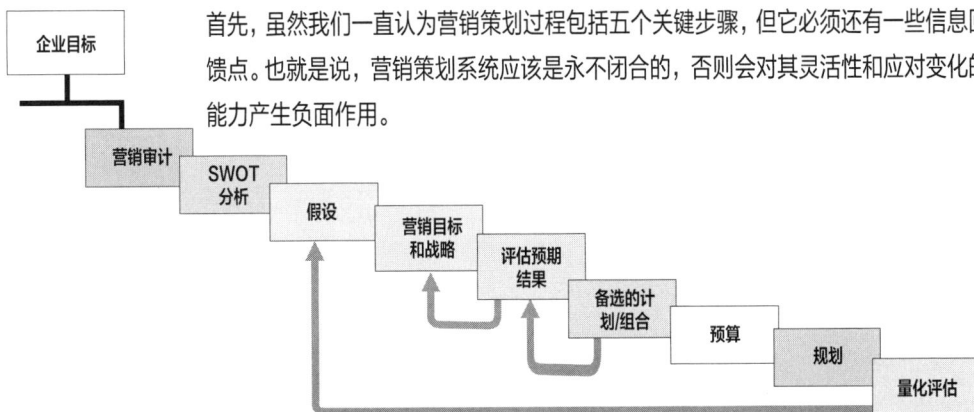

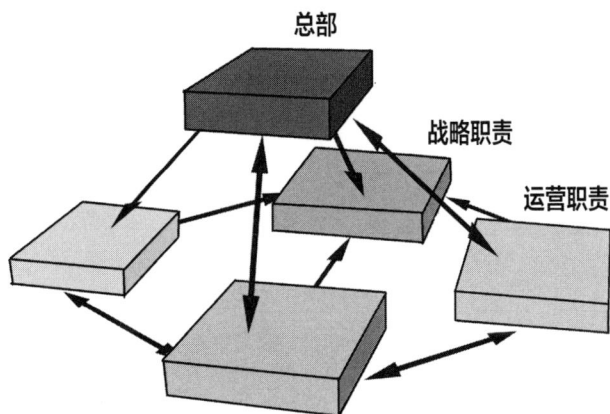

企业目标

营销审计

SWOT分析

假设

营销目标和战略

评估预期结果

备选的计划/组合

预算

规划

量化评估

总部

战略职责

运营职责

一个有效的营销策划系统的第二个条件就是，职能层面或者运营层面的策划应该与企业的战略策划相结合，并且不同层面的策划应该结合起来，不能让一个部门的利益以另一个部门的损失为代价。

另一个条件就是，顶层管理者，尤其是首席执行官要在营销策划系统的实施过程中起到积极的作用。

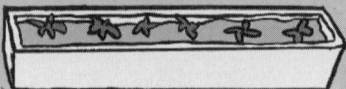

最后，企业还要制定有效营销策划系统的时间表。在大型的、多元化的企业里，这个过程可能需要长达三年的时间。在较小的公司中，这个过程可能耗时较少，但是即便如此也不是一件容易的事，需要大量的培训和极大的耐心。然而，一个有效的营销策划系统终将带来丰厚的回报，很多遵循这一计划的企业都会证明这一点。

这一过程看似简单，但是实际上，企业的复杂程度以及各个部门需求间的冲突会使其复杂得多。一个成功的营销策划系统源自对环境的适应，并且归根结底，源自企业对营销本身的了解。

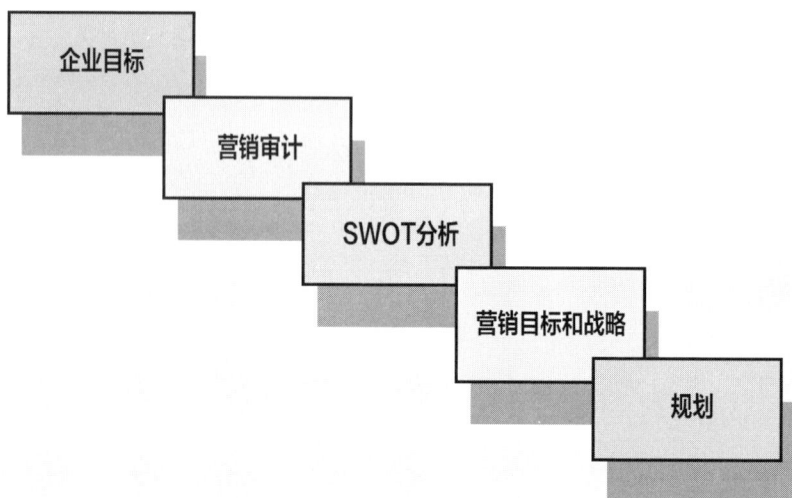

- 企业目标
- 营销审计
- SWOT分析
- 营销目标和战略
- 规划

第十二章小结

营销策划的主要好处来自策划过程本身，而非那份正规的计划。不论企业情况如何，这个策划过程都是通用的。但是，不通用的是这个过程的正规化程度，而这是由企业规模以及产品和市场的多元化程度决定的。

在正规的营销策划系统中，一个首要的危险是对创造性思维的威胁，其原因是随之产生的官僚风气。必须有某种机制以防止其发生。一个主要方式就是顶层管理者，尤其是首席执行官的积极参与。

营销策划的主要功能之一就是将数据和信息转变为情报，这些情报非常有用，可以作为制定重要营销决策的依据。

营销策划应该贯穿于企业的所有层级，它应该是一个不间断的过程，而不是一个一年一次的仪式。

请记住，设计和实施是一个持续性的双向过程。